重庆市社会科学规划青年项目"重庆绿色金融创新助推
产业生态化转型的机制及实现路径研究"（项目编号：2020QNJJ18）

高质量发展背景下
绿色金融
发展研究

赵朝霞　陈红英　熊　萍　著

西南财经大学出版社

中国·成都

图书在版编目(CIP)数据

高质量发展背景下绿色金融发展研究/赵朝霞,陈红英,熊萍著.—成都:西南财经大学出版社,2022.6

ISBN 978-7-5504-5124-7

Ⅰ.①高…　Ⅱ.①赵…②陈…③熊…　Ⅲ.①金融业—绿色经济—经济发展—研究—中国　Ⅳ.①F832

中国版本图书馆 CIP 数据核字(2021)第 209562 号

高质量发展背景下绿色金融发展研究

赵朝霞　陈红英　熊萍　著

责任编辑:王青杰
责任校对:金欣蕾
封面设计:墨创文化
责任印制:朱曼丽

出版发行	西南财经大学出版社(四川省成都市光华村街 55 号)
网　　址	http://cbs.swufe.edu.cn
电子邮件	bookcj@swufe.edu.cn
邮政编码	610074
电　　话	028-87353785
照　　排	四川胜翔数码印务设计有限公司
印　　刷	郫县犀浦印刷厂
成品尺寸	170mm×240mm
印　　张	12.25
字　　数	222 千字
版　　次	2022 年 6 月第 1 版
印　　次	2022 年 6 月第 1 次印刷
书　　号	ISBN 978-7-5504-5124-7
定　　价	78.00 元

前言

　　党的十九大报告首次提出高质量发展，意味着中国经济由高速增长阶段转向高质量发展阶段。高质量发展以"新发展理念"为根本理念，创新、协调、绿色、开放、共享缺一不可，其中绿色发展是高质量发展非常重要的内容。2018年，生态环境部副部长赵英民提出，生态环境保护是经济高质量发展的重要推动力，高质量发展反过来对生态环境保护提出了新的更高的要求，它们两者是相互融合、密不可分的。习近平总书记在党的十九大报告中明确指出，发展绿色金融是生态文明建设的重要组成部分，绿色金融是绿色发展的必要保障，是推动经济绿色发展的关键力量。同时，高质量发展也强调以供给侧结构性改革做大实体经济，而发展绿色金融是供给侧改革的迫切需要。可见，绿色金融是联结金融机构与绿色发展的"润滑剂"和"助力器"，是深化供给侧结构性改革、加快新旧动能转换和引领经济高质量发展的重要途径（王志强，2020）。

　　《巴黎协定》确立了2020年后国际社会合作应对气候变化的基本框架，提出把全球平均气温较工业化前水平升高的幅度控制在2摄氏度之内，并为把升温控制在1.5摄氏度之内而努力。中国作为成员国之一，提出我国二氧化碳排放力争2030年前达到峰值，力争2060年前实现碳中和。《中共中央关于制定国民经济和社会发展第十四个五年规划和二○三五年远景目标的建议》提出：发展绿色金融，支持绿色技术创新，推进清洁生产，发展环保产业，推进重点行业和重要领域绿色化改造。2021年10月，《中共中央 国务院关于完整准确全面贯彻新发展理念，做好碳达峰碳中和工作的意见》发布，其强调积极发展绿色金融，大力发展绿色低碳产业。一方面绿色金融本身的发展非常迫切，另一方面绿色金融是实现双碳目标以及助推高质量发展的供给侧工具，因此，在高质量发展的大背景下来研究绿色金融的发展具有重大意义。

我国绿色金融起源于 1981 年的绿色信贷，发展至今已 40 多年的时间，绿色金融本身有了长足的发展，也在很大程度上促进了我国经济的绿色转型。2016 年，中国人民银行、财政部、国家发展和改革委员会、环境保护部、银监会、证监会、保监会七部委共同发布了《关于构建绿色金融体系的指导意见》，开启了绿色金融元年。如今，作为全球绿色金融的引领者，中国自上而下的政策推动和自下而上的实践创新密切结合，形成了具有中国特色的绿色金融发展路径，为保障中国的绿色发展发挥着巨大作用。

由于绿色金融的范畴和维度较广，本书以绿色金融体系包含的绿色金融政策和绿色金融产品以及环境权益市场三个方面为主线和逻辑来分析绿色金融。第一章分析了绿色金融的内涵及研究基础，分别从绿色金融的起源和内涵来梳理和界定绿色金融并对相关概念进行区分，然后从绿色金融政策及制度、绿色金融产品和服务、环境权益市场的相关研究来进行研究综述；第二章从全国性绿色金融政策及制度安排和试点地区绿色金融政策体系的构建情况来梳理我国绿色金融制度的实践；第三章分析我国绿色信贷、绿色债券、绿色基金、绿色保险等绿色金融产品及市场和碳交易市场的现状；第四章根据高质量发展的概念和相关研究构建了高质量发展指标体系，并对高质量发展水平及其子系统进行测度；第五章将绿色金融和高质量发展进行理论的衔接，从绿色金融的外部性、环境库兹涅茨曲线以及绿色金融功能来分析绿色金融推动高质量发展的理论基础，并在测度高质量发展水平的基础之上，选取权重最大且与绿色金融关联最紧密的经济、创新和绿色子系统来分析绿色金融助推高质量发展的机理；第六章在第四章和第五章的基础之上，分别通过绿色信贷、绿色金融政策及其绿色金融体系对高质量发展助推作用的实证分析，来研究绿色金融助推高质量发展的效应和传导路径；第七章在绿色金融体系即包括绿色金融制度及绿色金融产品和市场现状分析、绿色金融助推高质量发展的实证分析的基础之上，分析高质量发展背景下绿色金融发展中存在的问题，并结合绿色金融助推高质量发展的路径选择，提出高质量发展背景下绿色金融发展的对策建议。

本书由赵朝霞、陈红英、熊萍三位老师共同撰写，其中赵朝霞完成第一、二、三、五、七章的撰写，陈红英完成第六章的撰写，熊萍完成第四章的撰写。

赵朝霞

2021 年 12 月

目录

第一章 绿色金融的内涵及研究基础

绿色金融是一个新兴的领域，起源于西方发达国家将环境责任因素纳入金融发展。随着绿色金融概念的提出，绿色金融成为国内外学者研究的焦点。目前，国内绿色金融的发展还处于初级阶段，随着绿色经济、绿色发展被纳入国家发展的最高层面，绿色金融作为助推的动力备受关注，绿色金融也成为学术界研究的重要领域。本章将从绿色金融的起源与内涵研究、绿色金融制度和产品等绿色金融体系相关研究进行梳理和综述。

第一节 绿色金融的起源与内涵研究

绿色金融的概念起源于绿色经济，而绿色金融的实践又早于绿色金融的理论体系发展。本节将从绿色经济和绿色金融两方面来分析绿色金融的起源，并对绿色金融的内涵及其演变进行梳理和概括。

一、绿色经济的起源和内涵演变

西方发达国家的绿色经济起源于环境保护思想的兴起，随后绿色经济的概念被提出，其绿色经济的内涵得以不断延伸和扩大。

（一）绿色经济的起源

绿色经济起源于环境保护思想的兴起，发端于生态经济。随着联合国环境规划署的成立，绿色经济逐渐被世界各国所重视。

1. 环境保护思想的兴起

20 世纪 50 年代开始，西方发达国家就出现了工业发展导致的日益严重的环境污染和生态破坏的问题，因此无节制地使用资源和破坏环境的生产经营行为引发了公众的强烈抗议，也就是出现了初期比较狭义的环境保护思想和行动。Rachel Louise Carson（1962）的《寂静的春天》率先引起了人们对于环境问题的重视。这本书从人类与自然关系的角度出发，开启了一场关于环保的运动。随后，美国经济学家鲍尔丁在1966年提出了"宇宙飞船经济"和"生态经济"，将环境保护纳入经济发展的理论当中，首次提出了"生态经济协调理论"，生态经济学作为一门科学正式诞生。1972年，美国学者丹尼斯·梅多斯等在其著作《增长的极限》中指出，经济发展问题必须要与环境问题结合看待。

2. 联合国环境规划署的成立

1972年6月，联合国在瑞典首都斯德哥尔摩召开了第一次人类环境与发展会议，发表了《联合国人类环境会议宣言》（简称《人类环境宣言》）。这是世界历史上首次研讨保护人类环境的国际会议，是世界环境保护史上第一个里程碑，标志着人类对于全球环境问题及其对于人类发展所带来影响的认识与关注。会议做出决议，在联合国框架下成立一个负责全球环境事务的组织，统一协调和规划有关环境方面的全球事务，环境署由此诞生。1973年1月，作为联合国统筹全世界环保工作的组织，联合国环境规划署（United Nations Environment Programme，UNEP）正式成立。

3. 联合国环境规划署召开主题会议提出生态经济的概念

1980年，联合国环境规划署召开了以"人口、资源、环境和发展"为主题的会议，提出"必须研究自然的、社会的、生态的、经济的，以及利用自然资源过程中的基本关系，确保全球持续发展"，并确定将"生态经济"作为1981年《环境状况报告》的第一项主题。由此，作为一门既有理论性又有应用性的新兴的科学，生态经济学开始为世人所瞩目。

（二）绿色经济内涵的提出及演变

1989年，绿色经济的概念被提出，西方发达国家予以首要关注和重点研究，后续逐步推广成为解决诸如全球气候变化、生物多样性减少、食物危机、金融危机以及贫困等问题的根本途径。而绿色经济概念真正引发广泛关注是在2012年里约热内卢举行的联合国可持续发展大会上，并由此成为主流发展理念[1]。因此围绕绿色经济（green economy）相关的概念很多，与绿色经济的内涵联系最紧密的主要包括环境经济（environmental economy）、生态经济（ecological economy）、循环经济（circular economy）、低碳经济（low carbon economy）

---

[1] D'AMATO D, DROSTE N, ALLEN B, et al. Green, circular, bioeconomy: A comparative analysis of sustainability avenues [J]. Journal of cleaner production, 2017 (168): 716-734.

及可持续发展（sustainable development）。国外针对绿色经济内涵的研究主要集中在可持续发展方面。

1. 大卫·皮尔斯最早提出绿色经济的概念

绿色经济概念最早是由英国环境经济学家 D. W. Pearce 等于 1989 年在其著作《绿色经济的蓝图》①一书中提出的。Pearce 认为绿色经济是指从社会及其生态条件出发建立起来的"可承受的经济"——自然环境和人类自身能够承受的、不因人类盲目追求经济增长而导致生态危机与社会分裂，不因自然资源耗竭而致使经济不可持续发展的经济发展模式。

2. 大卫·皮尔斯等首次提出循环经济的概念

鲍尔丁提出的"宇宙飞船经济"是循环经济的早期代表。1994 年，D. W. Pearce 和 R. K. Tumer 在《自然资源和环境经济学》（*Economics of Natural Resources and the Environment*）一书中首次提出了"循环经济（circular economy）"，认为循环经济就是实现物质闭路循环利用的经济发展模式。德国则在 1996 年首次将"循环经济"正式引入法律文件中予以使用——《循环经济和废弃物处理法》。

3. 英国政府提出低碳经济的概念

2003 年，"低碳经济"第一次出现在英国官方的政府文件中——《我们能源的未来：创建低碳经济》（*Our Energy Future - Creating a Low Carbon Economy*）。英国政府在这份能源白皮书中指出，在世界经济发展的过程中，资源能源的压力与日俱增，与此同时，化石燃料燃烧释放出大量的二氧化碳，其造成的气候异常对英国产生了极大的影响。该能源白皮书还指出，低碳经济是指以低能耗、低排放、低污染和高效率为基础的新型经济发展模式。2006 年英国经济学家 Nicholas Stern 发布了《斯特恩报告》，报告指出气候变暖是对全球全体人类的严重威胁，呼吁全球联合起来向低碳经济转型。2008 年英国《气候变化法案》正式实施，确定了有法律约束力的减排目标。

4. 绿色经济的内涵扩大到可持续发展

1980 年，国际自然保护联盟发表了《世界自然保护大纲》，首次提出了可持续发展的思想，即"人类利用生物圈的管理，使生物圈既能满足当代人的最大持续利益，又能保护其满足后代人需求与欲望的能力"。1981 年，该联盟在发表的《保护地球》一文中认为，可持续发展的目标是"改进人类的生活

---

① PEARCE, et al. Blueprint for a green economy: a report［M］. London: Earthscan publications Ltd., 1989.

质量，同时不要超过支持发展的生态系统的负荷能力"。1987年，世界环境与发展委员会发表的《我们共同的未来》报告中正式提出"可持续发展"的概念，将可持续发展定义为"既满足当代人的需求，又不对后代满足其需求的能力构成危害的发展"，将代内公平和代际公平当作人类发展的目标和人类行为的准则。1989年，联合国环境规划署第15届理事会通过了《关于可持续发展的声明》，定义可持续发展为"满足当前需要而不削弱子孙后代满足其需要之能力的发展"，之后，可持续发展观逐渐兴起。1992年，联合国世界环境与发展委员会（WCED）在巴西里约热内卢召开，提出并通过了《21世纪议程》，决定建立可持续发展委员会（Commission on Sustainable Development，CSD），确定了全球可持续发展的目标和计划，并提出要大力发展绿色产业和绿色文明，推行绿色消费，明确单一追求经济增长的危害性，培养可持续发展意识。1997年5月，联合国环境规划署发布了《金融机构关于环境和可持续发展的声明书》，提出可持续发展系于经济和社会发展同环境保护之间的积极相互作用。2007年，联合国环境规划署在《绿色工作：在低碳、可持续的世界中实现体面工作》的工作报告中首次定义了绿色经济，即"促成提高人类福祉和社会公平，同时显著降低环境风险，降低生态稀缺性的环境经济"，认为绿色经济收入、就业的增长可以通过减少碳排放和污染排放、提高能源和资源利用效率、防止生物多样性和生态系统服务丧失的私营投资及公共投入等实现。2010年，联合国开发计划署提出了绿色经济的定义，即"带来人类幸福感和社会的公平，同时显著地降低环境风险和改善生态缺乏的经济"。2011年，联合国环境规划署再次定义绿色经济为一种提高人类福祉和社会公平同时又能显著降低环境风险和生态稀缺性的经济发展模式。

国际绿色经济协会（2010）给出的绿色经济定义为：以实现经济发展、社会进步并保护环境为方向，以产业经济的低碳发展、绿色发展、循环发展为基础，以资源节约、环境友好与经济增长成正比的可持续发展为表现形式，以提高人类福祉、引导人类社会形态由"工业文明"向"生态文明"转型为目标的经济发展模式。绿色经济是一种低碳、高效和社会包容的发展模式，旨在实现环境保护与缓解贫困的融合和协调发展。绿色经济内涵的显著变化是发展目标涉及社会公平和人类发展领域，最新倡导的绿色经济理论的发展目标包括生态和谐、经济高效、社会包容。随着绿色经济理论的扩展，相关研究也随之展开。这一时期的概念研究已经不再将绿色经济局限在生态治理和经济增长方面，而是将其视为一种生态、经济、社会三个方面的支柱缺一不可的革命性经济模式，这也重新契合和回应了早期可持续发展战略中所强调的生态、经济、社会三者协同可持续发展的本意。其包括可持续发展在消除贫困和帮助弱势群体等方面的作用、包容性财富的衡量及人类发展中不同部分对于环境可持续性的影响。

二、绿色金融的起源

随着环境保护思想的兴起，西方发达国家较早地出现了环境风险，而环境保护也随之被纳入金融发展的因素。通过研究发现，早期发达国家的绿色金融实践主要起源于德国的生态银行和美国的超级基金。

（一）德国生态银行

德国作为绿色金融主要的发源地，是世界上第一个将循环经济理念贯彻于环境保护立法中的国家，20世纪70年代就确立了"纠正环境问题的外部不经济性，使外部费用内部化"环境经济政策的目标，并确定了"污染者付费原则"。自1972年颁布《废弃物处理法》以来，德国制定了一系列有关环境保护和发展循环经济的法律，绿色金融的实践就起源于发达的循环经济法律法规体系，因此，德国也成为世界上最早践行绿色金融的国家。德国最早开办绿色金融业务、影响力最大的国家政策性银行是成立于1948年的德国复兴信贷银行。该银行在环保领域充当了三方面的角色：一是联邦政府环保目标的执行者；二是实现可持续发展项目的融资者；三是经济界伙伴。该银行的主要业务集中在发放环境项目贷款，并以国家财政为后盾，对符合其要求的环境项目给予特殊优惠政策，但一般也对贷款项目提出了较为严格的环境保护要求。1988年联邦德国一些绿党的成员出资在法兰克福成立了世界第一家生态银行——德意志联邦共和国金融中心，该银行主营业务为关于生态环境保护方面的信贷业务，故被人们称为"绿色"银行。该银行编写了《环境保护事实、预报、战略》，将其作为向中小型公司宣扬环境理念的工具，引导并帮助这些公司制定有利于环境保护的发展方案，预防环境风险。该银行的建立让世界人民看到了绿色金融制度施行的必要性，为绿色金融在全球的发展奠定了基础，是绿色金融制度全球性推广的"先行者"。

（二）美国超级基金

一般认为，绿色金融的国际实践始于美国超级基金法案。1954—1976年的美国爱河事件揭示了环境风险触发金融风险的问题。1980年，美国国会通过了《美国综合环境处理、赔偿和责任法》，并建立名为 The Hazardous Substance Response Trust Fund 的基金，由于数额庞大，该基金被称为超级基金，该法案也被称为《超级基金法案》。《超级基金法案》规定环境责任具有可追溯性并且是连带的，即任何潜在责任方都可能需要支付环境治理费用。金融机构如果贷款或投资于环境风险较高的企业，则可能承担连带责任而背负环境治理的费用①。《超级基金法》主要针对"历史遗留"污染场地，特别是工业危废填埋场和露天化工废物倾倒场地。《超级基金法》旨在确定"潜在责任方"②，使其按照"污染者付费原则"承担污染场地修复的费用，降低污染场地对公众健康和环境产生的威胁和危害。超级基金制度授权美国环境保护局对全国污染场地进行管理，并责令责任者对污染特别严重的场地进行修复；对找不到责任者或责任者没有修复能力的，由超级基金来支付污染场地修复费用；对不愿支付修复费用或当时尚未找到责任者的场地，可由超级基金先支付污染场地修复费用，再由美国环境保护局向责任者追讨。《超级基金法》所确立的贷款人环境法律责任直接提高了美国联邦政府对污染治理的能力，对环境水平以及居民健康状况都有较显著的改善。金融机构在业务活动中对环境因素秉持审慎原则，将在很大程度上影响项目或公司融资能力，运用信贷杠杆将环境战略传递到社会企业中去，逐步改变社会公众的思维模式，让所有商业行为在开始前进行环境评估成为惯例。

另外，在绿色金融的概念被正式提出之前，发达国家已经在绿色投资基金等方面进行了实践。1980 年，荷兰 Triodos Bank 在阿姆斯特丹证券交易所推出第一个"绿色基金"；1982 年，美国发行了世界上第一只真正将环境纳入考核标准的绿色投资基金 Calvert Balanced Portfolio A，投资领域为环境污染、有毒物质排放等；1987 年，美国推出证券投资基金 Calvert Bond Portfolio A，专注于环境变化公共政策、污染影响、核能、再生能源投资等；1988 年，英国推出第一支绿色投资基金 Merlin Ecology Fund，只投资于注重环境保护的公司。

三、国内外关于绿色金融相关概念起源和内涵的研究

绿色经济的发展从环境不断的衍化扩大到可持续发展，绿色金融（green finance）的内涵研究从环境金融（environmental finance）扩大到了可持续金融（sustainable finance），衍生出了低碳金融（low carbon finance）、气候金融（climate finance）、责任投资（responsible investment）等概念。广义的绿色金融被

---

① 郭沛源，蔡英萃. 发达国家绿色金融的发展及对我国的启示 [J]. 环境保护，2015（2）：44-47.

② 潜在责任方包括：当前所有人和经营者；过去曾经所有和经营的人；产生污染物或危险物质的人及其处置安排人；污染物运输人。贷款人、受托人和信托人都可能会被界定为责任人而承担清污成本。

称为可持续金融，研究金融业在环境、经济和社会三个方面的可持续发展的作用。狭义的绿色金融被称为环境金融，研究如何运用多样化的金融工具以保护生态环境、治理环境污染。

（一）环境金融的内涵研究

1972年，Montgomery从理论上证明了运用经济学原理和金融手段治理环境问题的有效性，提出了排污权交易在环境治理中的积极作用。他认为利用市场机制对污染物的剩余排放权进行交易，以促进环境保护的机制，也就是排放权交易。Scholtens和Dam、Graham、Thomas等人提出金融机构开展金融业务服务都应该考虑到环境风险，将环境指标纳入金融工具的定价机制。1992年，美国经济学家和企业家Richard L. Sandor首次明确提出环境金融是支持环境保护的金融活动。1996年，马克教授研究了金融支持环境保护的体系结构，概述了金融业关注环境发展的各种方式，通过对金融与环境相互影响的分析，将环境金融定义为"运用多样化金融工具来促进环境保护，将环境风险作为决策评价因素之一的金融系统"，并得出结论：①金融业与环境保护有着紧密的联系；②金融业对环境问题的关注主要出于两个目的：价值最大化和风险管理。Jose Salazar（1998）提出，环境金融是寻求环境保护路径的金融创新，是金融业和环境产业的纽带。Eric Cowan（1999）在他的文章中指出，环境金融是以金融业为主体的，在以环境保护为目的的前提下发展的一种强调关注污染问题的金融发展模式。《美国传统辞典》（2000）认为，环境金融是环境经济的一部分，致力于从金融角度研究如何通过多样化的金融工具实现环境保护的学科领域。方灏（2010）结合环境和金融两个概念，认为对环境金融本质的解读是基于环境保护目的的创新性金融模式。

（二）可持续金融的起源和内涵

可持续金融最早可追溯至16世纪西方教会为信徒制定的投资准则，加入了环境和社会的考量。在绿色经济被提出以后，金融业积极地开展了可持续金融实践，而后才逐渐提出并明确可持续金融的含义。在联合国环境署的推动下，可持续金融在金融业的实践从项目融资过渡到赤道原则。而可持续金融的内涵可依据金融业促进可持续发展的内容进行界定。

1. 可持续金融的实践

1997年，联合国环境署金融倡议（UNEPFI）① 推出修订后的《金融业关于环境可持续发展的声明书》。该声明书被认为是最具影响力的金融实践，对

---

① 联合国环境署金融倡议是联合国环境规划署和全球金融部门之间的一项特殊的合作计划。

可持续发展做出了承诺。其认为，金融服务部门能配合其他的经济部门作为可持续发展的重要捐助者，同时也提出将环境因素纳入所有市场上的业务、资产管理和其他商业决策之中。为了寻求各金融机构在环境保护方面的共识，2002年10月，由国际金融公司（IFC）和荷兰银行发起，汇丰、花旗和德意志等九家国际知名银行参与的会议在伦敦近郊的格林尼治召开，会议讨论了项目融资中的环境和社会问题。会后，经过各与会者的多轮次磋商，形成了一份有关环境与社会风险的项目融资指南，即赤道原则①。它要求金融机构对于项目融资中的环境和社会问题尽到审慎性审核与调查义务，只有在项目发起人能够证明该项目在执行中会对社会和环境负责的前提下，金融机构才能对项目提供融资。而后，全球各金融机构通过加入联合国环境署金融倡议以及遵循赤道原则来践行可持续金融。

2. 可持续金融的内涵研究

1996年，斯蒂芬·密德亨尼和简·费德里科在其所著的《融资变化：金融界、生态效益与可持续发展》一书中试图回答金融业如何推动和促进生态效益和可持续发展目标的实现。他们通过分析金融业对工业、商业及社会生活方方面面的影响，并结合环境恶化的严峻形势，提出金融业要摆脱以经济利益为核心的短视行为，加强自身和社会可持续发展的必要性认识，尽快建立与可持续发展相适应的发展战略和框架。2001年世界银行发布的《环境可持续性承诺：世界银行环境战略》报告提出，金融行业运营的基本目标是促进经济的发展、贫困的减少与环境的改善。Scholtens（2006）提出，可持续金融是在环境变迁的严峻形势下，金融业促进可持续发展的重要创新手段，主要借助最优金融工程和金融产品组合，规制企业的经营决策和运作过程，有助于解决环境污染、温室效应等问题，促进经济、社会、环境的协调可持续发展。1998年，高建良在其发表的文章中首次论述了绿色金融的概念：绿色金融是指通过金融业务的运作来实现可持续发展战略，从而促进环境资源保护与经济协调发展，并以此来实现金融可持续发展。邓翔将绿色金融归纳为：通过最优金融工具和金融产品组合解决全球环境污染和气候变迁问题，实现经济、社会、环境可持续发展的手段。可持续金融旨在将资金导入人类可持续发展的重要领域，如环境面的污染防治、节能减碳，社会面的平价住房、普惠金融等。广义的可持续金融概念非常宽泛，对于银行而言，可持续金融主要包括两个分支范畴：

---

① 赤道原则第一次把项目融资中模糊的环境和社会标准明确化、具体化，使整个银行业的环境与社会标准得到了基本统一，也使环境与社会可持续发展战略落到实处，并通过发挥金融业在建设和谐社会中的核心作用，为经济增长与环境保护的协调发展创造了有利条件。

一是核心经营业务的可持续发展；二是带动周边产业链和社区的可持续发展。核心业务的可持续发展确保银行具备不断提供金融服务的能力。2018 年，欧盟可持续金融高级别专家组发布《2018 总结报告：为可持续的欧洲经济提供融资》，针对欧盟可持续金融发展提出若干重要建议，并认为，可持续金融有两项要务：一是改善金融对可持续和包容性增长以及减缓气候变化的贡献；二是通过将环境、社会及公司治理（ESG）纳入投资决策，提升金融稳定性。

（三）（低）碳金融的起源与内涵研究

碳金融是指由《京都议定书》而兴起的低碳经济投融资活动，或称碳融资和碳物质的买卖，即服务于限制温室气体排放等技术和项目的直接投融资、碳权交易和银行贷款等金融活动。

1. 碳金融的起源

碳金融的实践起源于碳排放交易，碳排放交易理论最早由 1968 年美国经济学家 Dales 提出。他认为碳排放交易是指赋予合法污染物权利，并以许可证的方式体现，使得环境权益可以如商品一样交易。碳金融的兴起源于国际气候政策的变化以及两个具有重大意义的国际公约——《联合国气候变化框架公约》和《京都议定书》。

2. 碳金融的概念研究

1999 年，William Goetzmann 指出碳金融是用金融的办法，即"看不见的手"来解决气候变化问题。2007 年，索尼娅·拉巴特（Sonia Labatt）和罗德尼·怀特（R. R. White）出版了首部系统研究碳金融问题的专著。他们认为碳金融是环境金融研究领域的一个特殊分支，主要研究在碳排放约束的前提下，如何规避金融风险、创造创新机会。碳金融正是利用市场机制实现环境风险的转移，并通过金融资产的市场配置来实现环境目标。Peter Sweatman 从投资的角度，指出碳金融的含义是管理资本直接投向碳减缓项目，同时向一些实体项目提供相应的服务和技术；此外，碳金融还包括碳信用交易。根据世界银行归纳的含义，碳金融泛指以购买减排量的方式为能够产生温室气体减排量的项目提供资源①。

袁鹰（2008）指出，与减少碳排放有关的所有金融交易活动都可以称之为碳金融，包括碳排放权及其相应金融衍生品的市场交割活动，以及相关的投资与投机行为，同时还包括支持低碳能源项目的投融资、担保、咨询等金融活动。叶岩（2010）把碳金融定义为："碳金融就是与碳有关的金融活动，也可

---

① 世界银行碳金融网站：www.carbonfinance.org。

以叫碳融资，大体上可以说是环保项目投融资的代名词，也可以简单地把碳金融看成对碳物质的买卖。碳物质主要是与上述碳金融发展机制中的减少温室气体排放有关的环境污染物，这些污染物都可以在《京都议定书》三个机制中进行买卖交易、投资或投机，所筹集的资金可用来投资于减少温室气体排放的环境保护项目。"王倩等（2010）从广义和狭义的角度对碳金融内涵的阐释具有一定的代表性。碳金融的狭义内涵仅指碳交易，而广义内涵则是指旨在减少温室气体排放及转移碳交易风险的各种金融制度安排和金融交易活动，既包括碳排放权及其衍生品的交易、低碳项目开发的投融资，也包括碳保险、碳基金和其他相关金融中介活动和碳交易币种的确定等制度安排。

（四）气候金融的起源与内涵研究

气候金融又被称为气候融资。2013 年，世界资源研究院（WRI）指出气候金融是绿色金融的子栏目，聚焦于温室气体减排和协助社会适应气候变化的影响。

1. 气候金融的起源与发展

气候金融源于最早的国际气候资金支持。一方面，联合国世界气候大会通过气候谈判提出了设立国际气候援助资金的目标。1992 年在世界气候大会通过的《联合国气候变化框架公约》（UNFCCC）（以下简称《公约》），提出至21 世纪中叶世界温室气体排放降低 50% 的目标，成为国际社会第一个在控制温室气体排放、应对气候变化方面开展国际合作的基本框架和法律基础。以《公约》为基本框架，发达国家在 2009 年的哥本哈根气候大会上设立了 300 亿美元的"快速启动资金"，并进一步承诺到 2020 年前每年提供 1 000 亿美元气候资金来援助发展中国家实现碳减排。为了落实《公约》的目标，1997 年《公约》的缔约方会议制定了《京都议定书》作为详细具体的实施纲领，并对"共同但有区别的责任"做了最初也是最为直接的解读，要求发达国家在 2012年前减排至比 1990 年低 5.2% 的水平，且为各国设定了量化的目标；同时设定了排放交易（IET）、联合履约（JI）和清洁发展机制（CDM）三种灵活履约机制①，鼓励发达国家用资金和技术换取排放空间。后又重新定义了"共同但

---

① 《京都议定书》三机制包括：一是国际排放交易（international emission trade, IET），即附件 1 国家之间针对配额排放单位（assigned amount units, AAUs）的交易。二是联合履行机制（jointly implemented, JI），即附件 1 国家之间的减排单位（emission reduction units, ERUs）交易。产生这种减排单位的方法主要有：建立低于标准排放量的项目（如采用低排放的技术），发展能吸收温室气体的项目（如植树造林）等。三是清洁发展机制（lean development mechanism, CDM）。即附件 I 国家的投资者从其在发展中国家实施的并有利于发展中国家可持续发展的减排项目中获取"经核证的减排量"（certificated emission reductions, CERs），附件 1 国家出资支持无减排义务的国家通过工业技术改造、造林等活动，降低温室气体的排放量并冲抵附件 I 国家的减排指标。

有区别的责任",即发达国家与发展中国家共同承担减排义务,但发达国家须在资金和技术等方面给予更多的支持。另一方面,世界银行在应对气候变化方面扮演了非常重要的资金支持者的角色。自1991年起,世界银行通过动员捐赠资金、设立环境基金和碳基金开展基金业务、扩大对可再生能源和能源效率项目的投资、推出气候保险四个方面为全球气候治理提供资金支持。

2. 气候金融(climate finance)的内涵研究

气候金融的概念是从联合国气候变化大会提出的气候资金衍生而来的。1992年《联合国气候变化框架公约》(以下简称《公约》)的签订标志着气候资金机制的诞生,此后,大量组织和学术机构开始监测、追踪和分析气候资金,气候融资成为气候变化领域的重要议题之一,国内也开展了对气候融资的相关研究。2014年,联合国气候变化框架公约金融委员会界定了气候金融的广义定义:旨在减少温室气体排放、加强温室气体汇集,减少人类和生态系统对气候变化负面影响的脆弱性,维持和增强其恢复能力有关的融资活动(UN-FCCC SCF,2014);2017年,联合国气候变化框架公约将气候金融定义为通过公共、私营和其他融资渠道以及结束转让路径支持发展中国家的减排和适应行动(UNFCCC SCF,2017)[①]。由中国生态环境部应对气候变化司牵头,在"气候融资"概念的基础上,提出了"气候投融资"的概念,是指为实现国家应对气候变化和低碳发展中长期战略目标及中国国家自主贡献目标引导和促进更多资金投向应对气候变化领域(包括减缓和适应)的投资和融资活动,注重应对气候变化的投资和融资活动,并积极组织关于气候投融资的指引政策研究工作,致力于推动包括气候投融资标准、气候投融资工具、气候投融资的地方实践以及国际合作等方面的气候投融资体系建设。

(五)责任投资的起源和内涵

和责任投资相关的概念有负责任投资、企业社会责任投资、道德投资等,此处所指的责任投资是源于联合国环境署金融倡议与联合国全球契约合作主导的责任投资原则,即PRI(principles for responsible investment)。早在20世纪70年代,责任投资理念便在欧洲兴起。进入90年代,这种投资理念趋于成熟,开始得到基金经理和投资机构的广泛认同。1992年,联合国环境规划署金融倡议(UNEP FI)提出,希望金融机构能把环境、社会和公司治理(environment, social and governance, ESG)因素纳入决策过程。ESG要求企业在经

---

① UNFCCC. Definiton and reporting system of Clomate Finance: For Second Meeting of Experts on Long-term Finance [R]. 2017.

营管理过程中注重经济与环境、社会、治理之间的平衡发展，实现可持续发展目标。1995 年至今，美国责任投资的投资规模增长超过 900%。2006 年，联合国环境署金融倡议与联合国全球契约合作主导，联合国前秘书长科菲·安南牵头发起了责任投资原则（principles for responsible investment，PRI），旨在帮助投资者理解环境、社会和公司治理等要素对投资价值的影响，并支持各签署机构将这些要素融入投资战略、决策及积极所有权中。PRI 要求投资者清晰地认识到环境、社会和公司治理问题，倡导在投资决策过程中应充分考虑环境、社会和公司治理因素。绿色金融中的"绿色"，即环境因素，是责任投资需要考虑的三大因素之一。责任投资原则有六条：将环境、社会和企业治理问题纳入投资分析和投资决策过程中；作为股东，推动被持股企业在决策中考虑环境、社会和治理因素；要求被投资企业（如机构投资者持有的上市公司）披露环境、社会和企业治理方面的信息；提升投资者对责任投资原则的共识和强化实施；共同努力提高实施责任投资原则的有效性；公开执行责任投资原则的具体活动。

四、绿色金融的内涵研究

1991 年，绿色金融的概念被首次提出。1992 年，联合国环境与发展大会通过了《里约环境与发展宣言》和《21 世纪议程》两个文件，在签署《联合国气候变化框架公约》和《生物多样化公约》之后，环境保护和减排成为世界各国关注的焦点，绿色金融得以较快推广。1997 年，《京都议定书》的签订，进一步推动了绿色金融的研究和发展。关于绿色金融概念的研究很多，国内外对绿色金融概念的研究主要是两个维度，狭义的维度主要注重金融对环境保护和气候治理的作用，广义的维度则以可持续金融为主。本书以狭义的绿色金融作为研究对象，因此，此处对绿色金融概念的研究也主要综述狭义维度的研究。

（一）国际权威机构对绿色金融概念的界定

国际发展金融俱乐部（International Development Finance Club，IDFC）在2011 年官方报告中指出，绿色金融是一个宽泛的概念，指金融投资流入可持续发展项目、环保产品等，以及鼓励可持续经济发展的政策支持。绿色金融包含但不局限于气候金融，还包括其他环境目标，例如工业污染控制、水环境卫生以及生物多样性保护等。英国议会"绿色金融专题听证会"指出，绿色金融包括为发展低碳能源、提高能效、适应气候变化，以及保护环境和自然资源领域的投资，其中特别强调了金融体系在减缓气候变化行动领域的作用；德国发展研究所（DIE）认为，绿色金融包括所有将环境影响和增强环境可持续性考虑在内的投资或贷款。该报告同时指出，绿色金融的关键要素是以环境筛查和风险评估作为投资和贷款的决策基础，以满足环境可持续的标准。G20绿色金融研究小组在2016年9月发布的《G20绿色金融综合报告》中，提出了绿色金融的定义：绿色金融指能产生环境效益以支持可持续发展的投融资活动。这些环境效益包括减少空气、水和土壤污染，降低温室气体排放，提高资源使用效率，减缓和适应气候变化并体现其协同效应等。发展绿色金融要求将环境外部性内部化，并强化金融机构对环境风险的认知，以提升环境友好型的投资和抑制污染型的投资。

（二）学术界对绿色金融内涵的研究

Salazar认为寻求环境保护路径的金融创新是生发绿色金融的源头所在，绿色金融因此扮演着金融业和环境产业纽带的角色。绿色金融是金融行业依据环境产业的需求，根据金融行业自身的发展特点而进行的诸如绿色贷款、绿色金融债券、绿色环保基金、二氧化碳排放权交易以及环境污染责任保险等绿色金融工具的金融创新，进而引导资金流向环境保护产业，实现产业结构的优化调整。Cowan认为绿色金融主要是探讨发展绿色经济资金融通问题，是绿色经济学和金融学相结合的交叉学科。Labatt等学者则认为绿色金融是以市场为研究基础，提高环境质量、转移环境风险的金融工具。普华永道2013年发布的《探索中国绿色金融机遇》报告指出：绿色金融是指金融机构在普通的投融资决策、事后监督和风险管理流程之外，更进一步考虑环境因素而提供的金融产品和服务，这些产品和服务旨在促进环境责任投资，以及刺激低碳技术、项目、产业和市场的发展。汤伯虹从我国绿色金融实践来看，提出绿色金融的本质是"遵循市场经济规律的要求，以建设生态文明为导向，以信贷、保险、证券、产业基金以及其他金融衍生工具为手段，以促进节能减排和经济资源环境协调发展为目的宏观调控政策"。2016年8月，中国人民银行、财政部等七部委联合发布了《关于构建绿色金融体系的指导意见》，并首次给出了中国官方对绿色金融的定义："绿色金融是指为支持环境改善、应对气候变化和资源节约高效利用的经济活动，即对环保、节能、清洁能源、绿色交通、绿色建筑等领域的项目投融资、项目运营、风险管理等所提供的金融服务。"这是国内迄今为止最为完备的绿色金融定义，其不仅明确了绿色金融的目的，还结合国内经济发展以及环境状况，确定了未来绿色金融的重点支持领域和项目类型。殷剑峰和王增武（2016）指出：从概念本身看，我国的"绿色金融"与国际上的"环境金融"并无本质差异。他们认为，绿色金融的界定应该与绿色经济的范畴相吻合，从绿色经济的范畴来看，绿色金融大体包括四个领域：第一，与生产者相关的绿色金融，包括对能耗和排放水平较低的产业（如服务业）提供融资和风险管理的绿色信贷、绿色证券、绿色保险等；第二，与消费者相关的绿色金融，主要是鼓励环境友好型消费的绿色住房贷款、绿色汽车贷款、绿色信用卡业务等；第三，促进环保节能技术进步的绿色金融服务；第四，进行绿色所有权（对应的污染排放权）交易的碳金融产品等。

（四）绿色金融与相关概念之间的关系

从以上各概念的内涵分析，可以看出绿色经济及绿色金融相关概念之间的关系，概括如图1-1所示。国内绿色金融的概念是狭义的，即环境金融，而低碳金融和气候金融是绿色金融的分支，生态经济的范畴要大于绿色经济，广义的可持续发展的范畴最为全面，可持续金融包含了低碳金融、气候金融、责任投资等的研究范畴。

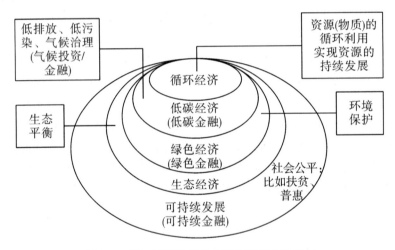

图1-1 绿色经济及绿色金融相关概念的关系

第二节 绿色金融体系相关研究综述

依据2016年印发的《关于构建绿色金融体系的指导意见》所定义的绿色金融体系，本节将从绿色金融政策及制度、绿色金融产品和服务以及环境权益市场三个方面来综述已有的研究成果。

一、绿色金融政策及制度研究

在绿色金融发展的研究当中，学者们对政府介入的重要性及其职能、绿色金融政策及制度进行了比较全面和详尽的研究。

（一）绿色金融发展中政府职能的相关研究

绿色金融的建设过程，离不开政府的相关支持。政府在整个市场经济中占有的地位及其每一项举措对整个绿色金融建设来说都具有深远影响，政府通过制定和实施相关政策可以有效解决市场失控的局面（王军 等，2013）。学者们从不同视角来研究绿色金融的发展，认为发展绿色金融需要政府的介入，同时也分析了政府参与绿色金融发展的具体职能。

1. 绿色金融发展中政府介入的重要性研究

学者们主要从绿色金融本身的特点、存在的问题两个方面分析了政府的重要性。

（1）从绿色金融本身的特点来看，绿色金融提供的金融产品和服务具有公共产品或准公共物品特征，具有明显的正外部性，存在"金融本质"和"绿色社会责任"之间的矛盾。"绿色"要求金融活动担负起环境、生态与产业的绿色发展的社会责任，带有显著的社会公益性，而金融活动本身是逐利且控制风险的，这使得绿色金融的供给存在一定的障碍，即难以同时兼顾社会效益和经济效益，市场机制难以将企业所产生的环境外部性内部化，无法解决公共部门与私人部门利益统一的问题，也就是会出现市场失灵。因此，政府的干预对发展绿色金融至关重要，尤其是在构建绿色金融体系的过程中，政府的作用不可或缺（崔秀梅，2013；周道许，2014；叶燕斐，2015；麦均洪 等，2015；刘乃贵 等，2017；詹小颖，2018）。当然，绿色金融也有私人物品性质。针对非私人物品性质的绿色金融业务应该采取政府主导和引导的形式，私人物品性质的绿色金融也应该加快政府体制改革以实现"市场在资源配置中起决定性作用和更好发挥政府作用"（殷剑锋 等，2016）。

（2）从绿色金融发展存在的问题来看，绿色金融面临环境外部性内生化不足、期限结构错配、环境信息披露不足及信息不对称等问题，如果缺乏政府强有力的参与推动，绿色金融发展进展会比较缓慢，许多原则性问题需市场参与者长时间的博弈与磨合才能逐渐解决（Tamazian et al.，2010；杨娟，2016；马骏，2016）。在强调市场机制，采用"自下而上"发展绿色金融的发达国家，明显面临绿色金融发展缓慢、影响力偏低的窘境，完全依靠市场机制的自发调整是不可行的，必须适度加大政府的介入和引导（张承惠，2015）。而发展中国家的经济发展一方面缺乏节能、减排、低碳等绿色理念的市场激励机制，另一方面缺乏公众监督、环保信息公开、法律监管、政策规制等外在激励与约束。因此发展中国家大多采用"自上而下"的绿色金融发展模式，主要依靠政府的引导和监管作用，但这种模式与金融的内在市场化驱动本质也是背道而驰的，既违背了市场化规律，也违背了政府与市场在绿色金融发展中的"绿色担当"与"自愿担当"的关系定位（许和连 等，2012；张艳磊 等，2016；詹小颖，2018）。只有政府的介入才能打破以利益为支点的弱式平衡，且真正厘清政府与市场之间的有效边界，才能保障绿色金融的可持续发展（周道许，2014）。由于绿色金融发展本身的特点，仅凭市场机制的推动，会出现各种各样的问题，必须要借助政府的力量，同时协调好政府和市场的关系和作用才能促进绿色金融的正常和可持续发展。

2. 绿色金融发展中政府职能的相关研究

蔡芳（2008）认为对企业而言，利润最大化是企业做生产决策时的最大动机，因此企业不具备自发进行环保化生产的动机，需要法律法规、政策调控或经济手段等外部力量的推动，且政策引导是纠正绿色金融市场失灵的首要选择（麦均洪 等，2015）。邬关荣、周维（2002）从绿色金融发展的角度来讨论政府的行为定位问题。他们认为，政府的行为可以改善"市场失灵"状态，政府在绿色金融建设当中也充当着服务者的形象，既是基本制度的制定者，也是制度实施的监督者。李斌（2013）提出政府在绿色金融建设过程中同时充当着四个角色，即前期的引导带头作用、过程当中的政策制度规划方、监管作用以及以身作则的形象。张承惠（2015）指出，推动中国绿色金融的发展，首先要推动绿色金融的立法，同时，加大对环境污染违法处置的执法力度。其次要加强政府部门之间的协同配合以及更多地发挥第三方机构的协调合作机制，特别是要建立公开的、统一的、透明的信息披露制度。再次要完善绿色金融政策的支持体系，推进财税政策、货币政策、信贷政策与产业政策的协调与配合，加强对金融机构开展绿色金融业务的激励和约束。最后要培育中介服务机构。

针对绿色金融发展中政府职能的研究可以概括为直接参与和间接引导两个方面。在直接参与方面，政府通过财政投入、法律限制以及金融监管直接影响绿色金融的发展；在间接引导方面，以市场机制为主，政府通过激励机制和约束机制引导市场参与主体的行为来推动绿色金融的发展。概括起来具体的政府职能包括拓展绿色融资渠道、创新政策金融模式、发挥政府投资杠杆、强化绿色金融监管、界定环境资源产权、鼓励绿色技术进步和创新、能够提高企业能源利用效率、加强地方绿色金融干预等。（Porter et al.，1995；周道许，2014；王耀东，2016；鲁政委，2017；Banga，2019。）

（二）绿色金融政策及制度安排的相关研究

在对政府干预进行大量研究以外，绿色金融政策及制度安排也是学者们研究的重点。陈凯（2017）认为绿色金融政策是一种制度安排，即政府通过对市场机制进行干预，进而解决在市场价格体系下污染成本难以内生化的问题，并对产生正外部性的绿色产业进行鼓励和扶持，从而实现金融对绿色发展的促进作用。吴培（2020）指出绿色金融政策是由政府相关部门制定的引导社会资本进入资源节约、环境保护和清洁能源等绿色产业的一系列制度安排，其最大的特点是具有导向性，即通过政策引导资金流向绿色企业，支持绿色产业发展。笔者认为，政府的干预和绿色金融政策及制度安排的范畴有诸多交叉之处，而绿色金融政策及制度安排更多的是政府干预的具体表现，同时还包括了除政府以外的其他绿色金融参与主体尤其是金融机构对绿色金融做出的相关制度安排。根据已有的研究基础，针对绿色金融政策及制度安排的研究主要从政策本身、绿色金融政策体系两个视角来分析绿色金融政策及制度安排的现状和效应、问题和对策。

1. 针对绿色金融政策本身的研究

学者们首先对我国绿色金融政策进行阶段性的划分，比如陈凯（2017）将绿色金融政策的发展划分为初建、快速发展和差异化发展三个阶段，赵朝霞（2018）将绿色金融政策划分为起源阶段、初建阶段和绿色金融体系构建三个阶段。一方面，通过国内外绿色金融政策对比（李溪，2011；刘博，2016；王树强，2019），发现国外绿色金融政策大多始于金融机构的环境风险评估制度和绿色信贷政策，强调并严格执行环境风险评级，根据环境风险评级实施贴息等优惠政策，且国外绿色金融的政策落实具有完善的立法制度保障，能保证其执行力和效力。另一方面，通过对绿色金融政策的现状梳理及其效应进行研究，发现我国绿色金融政策在推动绿色金融发展和绿色经济发展上有一定的作用，但这种作用不是持续显著的（杜莉 等，2019；牛海鹏，2020）。最后提出我国绿色金融政策存在的问题，包括绿色金融政策还存在缺乏法律法规的支持、政策不够细化和落地效果及执行力不佳、对金融机构的激励和约束不够、监管权利分散等（陈凯，2017；祁永忠，2018）。

2. 对绿色金融政策体系的研究

学者们分别从绿色信贷政策、绿色证券政策、绿色保险政策和碳排放权政策来分析绿色金融政策体系。我国金融市场仍然以间接融资为主，因此国内绿色金融市场主要以绿色信贷为主，在绿色金融政策体系上的研究业主要集中在绿色信贷制度方面。陈好孟（2010）认为绿色信贷制度是指有关绿色信贷政策的原则、目标、对象、内容、手段和工具等一系列要去安排和设计的总称，并指出绿色信贷制度和政策体系是绿色金融政策体系最重要最核心的内容。蓝虹（2018）认为赤道原则即绿色信贷政策，国际上对绿色信贷的定义以赤道原则为标准，赤道原则也称国际绿色信贷政策，赤道原则被认为是实施绿色信贷制度的国际标准，是一套针对项目融资中有关环境与社会风险问题的信贷政策指南，是目前国际金融机构进行项目融资考虑环境问题的新标准。郑立纯（2020）提出，绿色信贷政策包括绿色信贷评价制度、行业竞争激励机制、从业人员培训机制、污染连带问责机制。蓝虹（2018）对绿色证券制度进行了定义，认为绿色证券制度是环境保护和证券监管制度的一种交融，包括上市公司环保核查制度、上市公司环境信息披露制度和上市公司环境绩效评估制度三个方面的制度体系。具体而言，绿色证券制度是针对企业的直接融资实行环保控制的相关措施、制度，包括绿色市场准入制度、绿色发行及配股制度和环保绩效披露制度，试图全方位抑制"双高"企业从证券市场获得资金。大部分学者通过梳理我国针对绿色信贷、绿色证券、绿色保险以及碳排放权几个方面的政策性文件及相关措施对绿色金融政策体系进行研究，认为我国绿色金融政策体系存在法律法规不健全、缺乏激励机制和监督机制、绿色认证和绿色评级跟不上、环境信息披露制度不健全等问题；同时也针对性地提出了健全法律法规、完善环境信息披露制度、加速绿色认证和绿色评级、调动绿色金融发展的积极性等建议（祁永忠，2018；杜莉 等，2019；王波，2020；郑立纯，2020）。

吴军（2005）指出金融活动的核心问题是激励问题，金融制度的主要功能就是通过确定一个有效的激励结构，帮助克服信息不对称问题，从而为制度所设计的各个成员提供有效的激励。提高金融制度激励相容度即构建一个较好的制度，需要从激励结构（制度目标和成员目标一致，或能往一处使力）、信息披露、文化熏陶、产权界定与实施保障五个方面着手。概括来说，绿色金融制度安排方面主要包括信息披露制度、绿色认证制度、绿色金融风险防范制度、绿色考评制度、绿色监管制度、环境税制安排、环境权益交易制度等（詹小颖，2019；王波，2020）。

二、绿色金融产品和服务研究

随着绿色金融的发展，绿色金融工具逐渐多样化。由于各国金融市场发达程度的差异，绿色金融工具或产品有着不同的发展路径。在金融市场发达的西方国家，绿色金融从最初的绿色基金发展到绿色信贷、绿色保险和绿色债券，也逐渐从传统的绿色金融产品发展到衍生金融产品，比如期权、期货、掉期等。而我国始终以间接融资为主，绿色金融发展了近二十年，仍然以绿色信贷为主，逐渐延伸到绿色债券、绿色保险、绿色基金、绿色股票指数等领域。国内外学者针对绿色金融工具或产品的研究比较多，一方面集中在绿色金融产品和服务对金融机构的影响及其发展问题和对策的研究，另一方面分别针对不同的绿色金融工具如绿色信贷、绿色债券、绿色保险、绿色基金等进行了全面而深入的研究。

（一）绿色金融产品和服务发展研究

Brennan（1985）等学者对全球绿色金融产品和服务进行了深入调查，指出当前全球绿色金融产品和服务较为单一，绿色金融产品和服务创新还有较长的路要走，环境质量改善项目和"绿色"投资项目普遍具有投资额大、回报周期长的特征，绿色金融工具的开发和定价尤为重要。Cortaza（1993）等学者则在此基础上进一步拓展，对绿色金融产品创新的方向和基础条件进行了深入分析。Schwartz（1998）等学者对发达国家和发展中国家的绿色金融产品和工具进行了对比研究，发现发展中国家的绿色金融产品和工具水平较低，尤其是在产品创新上还存在明显的差距，同时指出发展中国家应该遵循"由简单到复杂"的原则，借鉴欧美等发达国家的经验，开发传统绿色金融工具及衍生产品，实现绿色金融产品和工具的多元化发展。Schwartz 等学者还基于环保政策、企业产量极值和运营成本，考虑企业最佳环境投资决策，指出产出价格波动大的生产企业更愿意在改善环保技术上投资，且市场利率的增加将降低用于环保投资的经费和投资的级别。Graham（2000）等学者对欧洲地区的绿色金融产品现状进行了深入调查并指出，当前欧洲地区绿色金融产品较为丰富，这为其他国家绿色金融产品创新提供了良好的借鉴，同时他们也指出，欧洲国家应该在现有的绿色金融产品服务基础上加大对衍生绿色金融产品的创新，尤其是在节能减排、绿色住宅、绿色运输等信贷领域，加强其信贷产品开发，通过绿色金融产品支撑提高消费者的环境保护意识。叶勇飞（2008）认为未来我国绿色金融工具将呈现多元化发展趋势，绿色信贷、绿色基金、绿色债券、碳交易等领域将是商业银行进行绿色金融工具创新的重要板块。张秀生（2009）等学者提出我国金融机构在能源绿色金融产品创新方面，应该积极借鉴欧美等发达国家的经验，利用当前能源绿色金融产品创新的发展趋势和机遇，依托网络技术，构建适合商业银行特色的绿色服务供给，尤其是要加强对绿色金融延伸产品的研发，增加绿色理财产品类型。为企业提供投资理财、融资、租赁等方面的绿色金融服务，还可以在绿色债券、绿色理财、绿色基金、绿色彩票等方面进行深入的研究。邵律等（2017）认为虽然绿色金融已经开始被金融业重视，但目前发展尚不成熟。潘锡泉（2017）则指出，投资回报期长的绿色项目与融资期限短的银行资金形成了金融资源的期限错配，导致绿色项目陷入融资难的困境，阻碍了绿色金融的进一步发展；而之前由于政策扶持流向产能过剩行业的资金一时之间也难以转至绿色产业，造成了信贷错配，也降低了金融资源配置效率；环保信息共享机制的缺乏更使得信息不对称和信息更新滞后成为金融机构发展绿色金融的又一大风险诱因，造成金融机构发展动力不足；除此之外，绿色金融市场机制的不完善也严重拖延了绿色金融产品的创新速度。巴曙松（2018）指出，虽然我国的绿色金融产品已呈现出多样化趋势，由早期的绿色信贷、保险、基金、证券类产品衍生出环境证券化、碳金融等创新型金融工具，绿色金融产品体系不断完善，但发展过程中仍存在产品类别不够多样，个性化融资方案仍需改善，融资产品的覆盖对象范围有待进一步拓宽；各类绿色金融产品的融资规模差异较大及发展速度不均衡等问题。詹小颖（2018）提出，一方面，可以借助给予税收和投资成本优惠、纳入信用评估、享受特殊待遇等经济或信用激励，吸引机构和个人投资者参与绿色投资，提高绿色金融市场的活跃度，同时建议行业组织完善绿色投资者信息交流平台；另一方面，需对投资者进行绿色投资的相关宣传教育，客观分析成本收益，避免由于金融机构粉饰行为造成的投资风险。

（二）绿色信贷方面的研究

1. 绿色信贷定义方面的研究

邓聿文（2007）将"绿色信贷"定义为"商业银行和政策性银行等金融机构依据国家的环境经济政策和产业政策，对研发、生产治污设施，从事生态保护与建设，开发、利用新能源，从事循环经济生产、绿色制造和生态农业的企业或机构提供贷款扶持并实施优惠性的低利率；而对污染生产和污染企业的新建项目投资贷款和流动资金进行贷款额度限制并实施惩罚性高利率的政策手段"，这一定义被学者普遍采纳。杨涛和程炼（2010）认为绿色信贷是商业银行在风险可控的基础上，对鼓励类、限制类和淘汰类项目所采取的差别化信贷政策。董利（2012）强调绿色信贷是商业银行实现自身发展和经济社会可持续发展的统一。环境保护部环境与经济政策研究中心编制的《中国绿色信贷发展报告2010》对绿色信贷的定义为：绿色信贷是指利用信贷手段促进节能减排的一系列政策、制度安排及实践，通常包括三个核心内容：一是利用恰当的信贷政策和手段（包括贷款品种、期限、利率和额度等）支持环保和节能项目或企业；二是对违反环保和节能等相关法律法规的项目或企业采取停贷、缓贷甚至收回贷款等信贷处罚措施；三是贷款人运用信贷手段，引导和督促借款人防范环境风险，履行社会责任，并以此降低信贷风险。

2. 绿色信贷发展方面的研究

学者们对我国绿色信贷进行统计和实证分析，发现绿色信贷发展主要存在发展缓慢且滞后、商业银行执行效率低下、节能减排效应不够等问题。叶勇飞（2008）认为我国绿色信贷发展缓慢的原因在于相关高素质人才的缺乏和机制体系的不完善，并且民间融资等渠道的兴起也分流了部分污染企业的资金需求，降低了绿色信贷的推广效率。张秀生和李子明（2009）认为低效的环保信息传导、松散的环境监管以及不合理的地方官员政绩考核体系，导致地方保护主义和地方政府在环境保护方面缺位，以及绿色信贷执行效率低下。龙卫洋和季才留（2013）认为我国绿色信贷发展滞后的主要原因是配套机制不完善，提出应通过借鉴国际先进经验健全一系列的制度安排，逐步推进"绿色银行"的建设。刘传岩（2012）指出，完善绿色信贷评估所需的信息环境迫在眉睫，想要构建一个有效的体系，则需要建立企业的环境信息数据库，使银监会（今银保监会）能够准确地获得融资企业的相关信息，起到有效的监督管理作用。马秋君和刘文娟（2013）介绍了花旗银行环境风险管理的先进经验，为我国商业银行的风险管理提供了参考。赵朝霞（2015）提出应建立商业银行绿色信贷监督和激励机制，提高社会责任要求，增强商业银行自主性。马骏（2016）借鉴德国复兴开发银行的经验，提出试点由财政部门委托商业银行管理绿色贷款贴息的制度。胡静怡等（2018）提出转换政策思路、转变银行职能、转移制度重心等对策。

（三）绿色债券方面的研究

绿色债券这一概念通常被认为由世界银行和欧洲投资银行于2007年提出。2007年，欧洲投资银行率先发行了气候意识债券（climate awareness bond），该债券明确了将募集资金用于绿色项目，并设立了严格的专款专用标准。2008年，世界银行发行了全球第一只绿色债券，所募集资金专门应用于减缓和适应气候变化的项目。

1. 绿色债券的定义

世界银行将绿色债券定义为一种固定收益型普通债券，它为投资者提供了参与投资绿色项目进而帮助减缓和适应气候变化的机会。经济合作与发展组织（OECD）将绿色债券定义为一种由政府、跨国银行和企业发行的，为促进低碳经济和适应气候变化的项目筹集资金的固定收益证券。气候债券倡议组织（Climate Bonds Initiative）认为，绿色债券是为环境发展或环保项目募集资金的固定收益金融工具。2015 年，国际资本市场协会（International Capital Market Association, ICMA）联合 130 多家金融机构制定并发布的《绿色债券原则》（Green Bond Principles, GBP），将绿色债券定义为"将所得的资金专用于环境保护、可持续发展或缓和及适应气候生态变化等绿色环保项目融资或再融资的债券工具"。2018 年，ICMA 最新发布的《绿色债券原则》① 规定：绿色债券是任何一种其收益将全部或部分用于符合条件的绿色项目的融资或再融资并与 GBP 的四个核心组成部门保持一致的债券工具。我国绿色债券的发行主体主要是企业和金融机构，而金融机构发行的绿色债券被称为绿色金融债券。国家发展和改革委员会（2015）将绿色债券界定为：主要用于募集资金以支持节能减排等低碳绿色项目的发展。王遥（2018）认为，绿色债券是指政府及有关部门、金融机构或非金融企业为符合规定的绿色项目融资及再融资而向社会进行资金募集，并承诺按约定偿付本金及支付利息的债务融资工具。2015 年，中国人民银行制定的《全国银行间债券市场金融债券发行管理办法》，将绿色金融债券定义为能为金融机构筹集资金以支持绿色产业项目的创新型筹资渠道，同时也是有利于增加绿色信贷尤其是中长期绿色信贷有效供给的绿色金融工具。

2. 在绿色债券发展方面的研究

（1）国外研究主要集中在绿色债券的环境风险及防范方面，Graham（2000）等引入环境风险因子对 1990—1992 年发行的债券重新进行信用评级，发现环境因素对债券的信用评级有显著的负效应，从而得出，在对债券进行定价时应考虑环境指标。Della（2011）通过对美、英、德、法等国的商业银行发行的绿色债券进行研究，发现发行规模越大，发行年限越长，绿色项目的违约风险就越大，并提出银行应当制定更为详细的审批、管理、披露制度，加强对绿色项目的定期监督。Salazar（1998）认为政府可以通过政策扶持帮助金融机构和绿色产业建立起密切的联系，在帮助金融机构自身可持续发展的同时，还能帮助促进当地绿色产业的发展。他提出各个国家应该建立统一的监管体系，时刻防范金融风险，让绿色债券市场健康发展。

（2）国内研究主要集中在我国绿色债券发展存在的问题和原因以及对策方面。存在的问题有：绿色债券的正外部性（洪艳容，2017）以及绿色债券

---

① ICMA. Green Bond Principles Voluntary Process Guidelines for Issuing Green Bonds［R］. 2018.

市场的制度不完善导致绿色债券的发行成本较高，包括绿色债券的认证标准不统一和专业性不足（甘远勇 等，2018）、信息披露标准不统一和披露内容不充分以及缺乏披露平台（陈志峰，2019；巴曙松，2019）、监管制度等；而绿色债券存在绿色项目投资回收期较长的特点，投资者对绿色债券的偏好也不明显（黄安平，2017）。可见在供给和需求两方面都存在阻碍我国绿色债券市场发展的因素。黄洁（2018）还指出境外发行绿色金融债券的门槛较高、国内外绿色标准的差异限制了绿色债券的境外发行。学者们一方面通过研究国外绿色债券发展情况借鉴经验，另一方面通过对中国绿色债券的实践情况进行研究，从而提出相应的对策、建议。提出的对策、建议主要包括政府部门自上而下的政策安排与支持、市场主体推动自下而上的市场机制建设两个方面（万志宏，2016），具体包括明确绿色认证标准和绿色债券发行准则（洪艳容，2017；巴曙松，2019）、完善信息披露制度和信息沟通制度（段光沛，2017；陈志峰，2019）、完善担保和免税补贴机制（Mathews et al.，2010；王峰娟 等，2017）、推动投资机构投资力度、构建市场监管制度（于庆，2018）等措施。绿色债券更容易对那些从事绿色清洁能源、公共交通工具和其他绿色项目提供融资，帮助各国适应和减缓快速的气候变化（Deora，2014），可见绿色债券具有显著的环境效益（洪艳容，2017）及安全性和收益性（闫柯旭，2018），在绿色经济的发展背景下，绿色债券的发展具有巨大潜力。

（四）绿色保险方面的研究

国外针对绿色保险的研究比较丰富，从环境污染责任保险的作用、存在的问题到发展的政策等均有比较全面的分析。绿色保险在我国的发展还处于初级阶段，随着绿色金融的不断发展和深化，学者们对绿色保险的研究也逐渐重视起来，对绿色保险的定义、制度建设、定价和产品设计、国外经验借鉴等方面进行了研究。

1. 绿色保险的界定

学者们对绿色保险进行的不同界定，主要包括狭义和广义两个方面。狭义方面没有争议，狭义的绿色保险即环境污染责任保险。国外绿色保险的研究也是以环境污染责任保险为主的，2016 年发布的《关于构建绿色金融体系的指导意见》明确指出要发展绿色保险，也强调的是环境污染责任保险。环境污染责任保险是指当企业发生污染环境的行为导致第三方人身或者财产损失后，由保险公司在约定的限额内对其进行赔偿，并且也应对治理污染的费用进行补偿（严湘桃，2009；马骏，2014；李瑾，2021）。广义的概念没有统一的界定，但基本上都认为广义的绿色保险是可持续发展的保险。陈景源（2016）认为，绿色保险应该是一种控制环境污染和气候变化的保险产品，并致力于推动生态文明建设。王国军和庹国柱（2016）提出绿色保险具有三个层次的内涵：其一是指直接与生态环境保护相关的保险产品以及间接与生态环境保护有关的保险业务；其二是绿色保险代表着保险公司发挥其风险管理功能，起到防范灾害转嫁风险、促进资源节约以及环境保护的作用；其三是绿色保险还代表着保险业应该往可持续发展的方向推行。李瑾（2021）指出，广义的绿色保险是一种可持续发展的保险，即融入了环保意识及生态文明理念的保险经营活动，通过保险业的绿色转型来对生态环境进行保护及支持环保产业的发展，为绿色经济保驾护航。笔者认为，绿色保险也与绿色信贷、绿色债券等并列，被纳入绿色金融框架，可以结合保险和绿色金融的特点对绿色保险进行定义。本书研究的绿色保险不仅包括环境污染责任保险，也不像可持续发展保险的范畴那么宽泛，绿色保险的功能是通过保险活动来支持环境改善、应对气候变化和资源节约高效利用，首先要求保险机构自身保持绿色运营，其次要求保险机构承担环境社会责任，一方面通过险种设计激励和约束企业进行绿色投资、公众进行绿色消费，另一方面通过自身资产管理直接或间接地进行绿色投资。

2. 在绿色保险发展方面的研究

（1）国外对环境污染责任保险发展的研究。Martin T. Katzman（1986）认为环境污染是由外部不经济引起的，而环境污染责任保险可以作为一种监管的工具，对环境污染进行监测，以保护受害者的权益。而企业购买环境责任保险不仅可以转移环境风险，还能提高自身的声誉（Mary Ann Susavidge et al.，2002；John Merrifield，2006；Foggan et al.，2014），但企业对环境污染责任保险的投保积极性不高，主要是因为大多数企业规模较小，资金运转不灵活，企业没有足够的购买力，这些都直接降低了对环境污染责任保险的需求，导致只有少数的企业去购买（Martin T. Katzman，1988）。而环境污染责任保险存在明显的逆向选择，存在的风险隐患越大的企业往往越愿意选择投保（Patricia Van Arnum，1997）。保险公司应该展现出专业的技术和服务，满足企业的投保需求，并将企业面临的环境风险和风险等级进行分类，对不同企业量身定制（Esola et al.，2006）。从美、日、英、法等国绿色保险的实践来看，强制责任保险模式和任意责任保险模式各具特点，大多数与本国法律机制相结合，强制责任保险更具优势。

（2）国内对绿色保险发展的研究。国内学者通过研究国外绿色保险发展的经验和我国绿色保险的现状，对绿色保险存在的问题、绿色保险制度和绿色保险模式进行了分析（梁雪珍，2012；姚宁，2019；流畅，2019；李瑾，

2021），认为我国绿色保险存在缺乏法律保障体系、监管不到位、保险公司承保能力不足、投保企业意识薄弱、成本较高等问题，从而提出建立绿色保险制度、采取强制绿色保险模式、完善政府的激励机制、推动保险公司产品多样化和合理定价等措施。

（五）其他绿色金融产品的研究

1. 绿色基金方面的研究

绿色基金的概念最早在20世纪80年代被提出，经济学者、政府部门以及金融机构开始倡导和呼吁将基金形式作为金融手段参与解决环境问题。因此绿色基金的大部分研究认为绿色基金是环境保护基金。赵淑霞（2021）将绿色基金表述为：包含绿色产业基金、担保基金、碳基金、气候基金等投向绿色产业或绿色项目，同时获取经济利益和社会效益的基金，不同于单纯或主要目的是开展公益性环保工作而成立的基金。学者们通过对比分析绿色基金的绩效与传统基金的绩效，发现两者存在明显的区域差异性和时间差异性：大部分学者的研究结果显示绿色基金的收益率比传统基金的收益率要低或无差异，但投资者仍然愿意购买绿色基金，因为企业发展的可持续性、美誉度及其将来的价值对于长线投资者而言非常有吸引力（Climent et al.，2011）。

2. 绿色股票指数方面的研究

学者针对绿色指数的研究主要集中在绿色指数发布的股市反应分析上，不同国家的研究结果存在较大的差异。Adrian（2011）利用美国股票数据研究发现，在道琼斯可持续发展世界指数公布当日或是在该事件日附近，被纳入的股票会获得短暂的显著为正的收益。Ulrich（2013）等对德国股市进行研究发现，市场出于对环境行为成本的考虑，会认为被纳入指数的公司由于要承担更多的环境和社会责任因而会产生额外成本，故反而会对该事件呈负面反应，相关股票会获得负的异常收益。汤淳（2020）对2017—2019年我国绿色领先类公司股票数据进行研究，发现：绿色指数发布后，投资者情绪明显高涨，短期内公司股价效应的异常收益率在整体上显著为正。而长期来看，平均异常收益率会回落。

三、环境权益市场相关研究

用能权、用水权、碳排放权和排污权是人类共同拥有的四大基本环境权益，国内外对环境权益市场方面的研究主要集中在碳排放权交易市场，而用能权交易市场、排污权交易市场和用水权的相关研究还不是很多。

（一）碳金融市场

碳金融有广义和狭义之分。从广义上来看，索尼娅·拉巴特和罗德尼·怀特（2002）认为应对气候变化的所有市场化的解决方案都是碳金融。从狭义上来看，世界银行（2011）认为碳金融是为温室气体减排量的生成、分配、交易做出的一系列制度安排。碳金融是指以减少温室气体排放为目的各类金融活动及金融机制、制度的总称，包含节能减排项目投融资、碳排放权和衍生品的投资交易等金融活动（陈柳钦，2009），主要包括碳排放权交易及其相关的金融衍生产品的投融资等（曾刚 等，2009）。狭义的碳金融市场主要指碳排放权交易市场，包括一般的碳现货市场及其衍生的碳期货、碳期权等，其界定的标准是交易的标的物是直接的碳信用或碳排放权，而碳排放权交易是目前碳金融市场中最为主要的碳交易形式（江良月，2017）。"碳排放权交易"的概念最早出现于1997年12月在日本东京签订的《京都议定书》，《京都议定书》把二氧化碳（CO_2）、甲烷（CH_4）、氧化亚氮（N_2O）、氢氟碳化物（HFCs）、全氟碳化物（PFCs）和六氟化硫（SF_6）六种气体确定为温室气体，这些温室气体的排放量均可以折算成二氧化碳当量进行计量，因此温室气体排放权交易被称为"碳排放权交易"，而从事排放权交易的市场被称为"碳排放权交易市场"。

1. 碳排放权交易市场的分类

世界银行在2004年的《碳交易市场的现状及趋势》中描述了碳交易市场的结构，认为目前的碳交易市场可分为减排许可市场和基于项目的市场。减排许可市场是指受一定范围或有关机构限制的市场；基于项目的市场是指在一定规则约束下或自愿行为发生的买卖双方直接以项目投资的方式进行碳交易的碳交易市场。章升东（2005）等在世界银行对碳交易市场分类的基础上，对碳交易市场的类型进行了更详细的分类。他认为，基于项目的市场又可分为京都市场以及非京都市场；按照碳排放权交易涉及的范围，碳排放权交易市场又可分为国际级碳排放权交易市场、国家级碳排放权交易市场、州级碳排放权交易市场以及零售碳排放权交易市场。按照交易的温室气体排放权的来源，碳交易市场可以分为基于配额的市场和基于项目的市场。基于配额的市场由管理者制定总的排放配额，并在参与者间进行分配，参与者根据自身的需要来进行排放配额的买卖，在以配额为基础的交易市场中又可以分为强制碳交易市场和自愿碳交易市场；基于项目的市场中低于基准排放水平的项目或碳吸收项目，在经过认证后可获得减排单位（雷钧，2011）。碳交易市场还包括一级市场和二级市场，通过一级市场和二级市场达到碳排放配额与实际排放量的平衡，碳市场一级市场涉及的主要是拍卖，一级市场是指配额或者其他指标通过免费分配、拍卖或抵消机制等方式首次进入碳市场；碳市场二级市场主要涉及的是交易，买卖双方通过交易所专户进行排放配额或其他指标的重新配置（李峰，2015）。

2. 国外碳金融市场的相关研究

国外关于碳金融市场的研究比较全面，包括碳交易价格和碳交易机制、碳排放交易的影响和效应等。在碳交易价格的影响因素方面，Veld（2016）等指出能源价格及碳排放相关法规、运作机制等对与碳排放相关的股票产品亦存在价格影响。学者们认为影响碳金融价格的因素包括能源价格（Bunn et al.，2007；Hammoudeh，2014）、宏观经济（Conrad，2010；Chevallier，2011；Gürler Ülkü，2016）、政策制度（Christiansen，2003；Wahner Uhrig–Homburg，2006；Benz，2009）等。Ermolieva 等（2014）指出，碳排放权交易与其他大宗商品市场一样具有不稳定性，碳交易对随机非均衡的现货价格做出反应，并会受到政策、投机以及经济泡沫的影响。Erik Theissen（2012）、Irene Monasterolo 和 Luca de Angelis（2020）对欧盟碳价格的波动性进行了深入的分析，并认为金融市场推出的各项政策，限制了市场内投资者利用期货交易实现获利的目的而导致碳期货价格出现显著的波动性，进而传染到碳现货市场。Stavins 等（2003）研究了基于市场的环境政策工具，并结合美国排污权交易等经验，提出排放交易系统的构成要素应该包括总量目标控制、配额分配、排污许可、市场定义、市场运作、市场监督、分配和政治性问题、法律框架八项构架要素。索尼娅·拉巴特（2015）等针对能源链、产业结构、气候变化、参与主体等因素对发展碳交易及碳金融衍生产品的影响进行了相关实证研究。Alexeeva（2016）指出，不同国家的主体经济政策、社会福利结构以及以贸易为基础的国家竞争力对碳交易机制及碳金融发展的全球化具有重要影响，有效的政策构建及碳交易框架的调整，对全球碳交易市场的需求刺激有重要作用。同时，碳金融的发展又可以提升能源的利用效率、降低减碳成本及促进碳减排（Eichneretal，2010；Dorsmanetal，2012；Petrick，2014；Zakeri，2015）。

3. 国内碳金融市场的相关研究

国内碳金融市场的研究包括碳交易价格、碳金融的测度和评价、碳金融的影响和效应以及碳金融发展的展望等。魏素豪（2016）指出，我国碳排放权交易价格呈现非线性、不可持续性、无周期性等特征，表明我国碳排放权交易尚未形成有效市场。我国碳排放权交易存在交易价格低于国际水平（聂力 等，2014）、价格波动缺乏规律、各地区的价格存在明显的地域差异、各省市试点之间平台割裂严重、交易市场不完善、机制不健全等问题（江良月，2017；道文静，2019；陈智颖，2020）。碳排放交易价格受到经济发展程度、经济结构、金融环境以及开放程度、市场环境和市场内在机制、政策制度和气候变化等因素的影响（道文静，2019；赵立祥 等，2016；王倩 等，2015；汪中华 等，

2018）。朱伊俐（2019）对碳金融市场的资源配置效率和市场运行效率进行评价，评价结果显示：碳金融市场的整体效率排名前三的地区是广东、北京和深圳，其中北京、广东、上海的碳金融市场的资源配置效率排前三，而广东、深圳和北京的市场运行效率排前三。陈智颖、许林等（2020）通过构建碳金融发展评价指标对中国碳金融发展水平进行测度与评价发现，碳排放权交易和碳减排投融资是碳金融发展的两个重要组成部分，虽然我国碳金融总体发展水平逐年提高，但呈现不平稳的动态演化过程，表明还有很大发展空间；能耗水平、碳金融发展政策和地理位置是影响碳金融发展水平的主要因素。杜莉和李博（2012）指出构建碳金融为核心的绿色金融体系是促进中国产业结构升级的必要战略，碳金融市场的发展会促进产业结构优化和低碳经济的发展，其中研发经费投入有显著的作用（杨大光 等，2012；卢治达，2020）。而构建完整的碳金融市场体系需要在完善市场规范制度的同时加强政府的引导和监管，加强国际合作，构建人才队伍及创新碳金融产品等（曾刚，2009；雷立钧，2011；何璇，2020；周健 等，2020）。

（二）其他环境权益市场的研究

用能权是指企业年度直接或间接使用各类能源（包括电力、煤炭、焦炭、蒸汽、天然气等能源）总量限额的权利。用能权交易，是指在区域用能总量控制的前提下，企业对依法取得的用能总量指标进行交易的行为。国内针对用能权的研究主要集中在交易制度方面（裴庆冰，2017；陈志峰，2019；胡楠等，2020；王鑫，2021），从庇古税和科斯产权理论出发，到我国用能权试点的现状，包括用能权的交易主体、分配方式以及规制对象等，认为用能权交易市场在法律法规、确权和分配制度、与碳排放等其他环境权益市场之间的协调等方面存在不足和障碍。

排污权指排放者在环境保护监督管理部门分配的额度内，并在确保该权利的行使不损害其他公众环境权益的前提下，依法享有的向环境排放污染物的权利。在中国一般是政府将该权利以一定的价格出让给需要排放污染物的排污主体，污染者既可以从政府手中购买权利（一级市场），他们之间也可以相互转让或出售权利（二级市场），以此形成排污权交易市场。

水权是指水资源的所有权以及从所有权中分设出的使用和收益的权利。水资源的所有权是对水资源占有、使用、收益和处置的权利。《中华人民共和国水法》明确规定，水资源属于国家所有，水资源的所有权由国务院代表国家行使。可交易水权针对的是水资源的使用权。水权交易是指在合理界定和分配水资源使用权基础上，通过市场机制实现水资源使用权在地区间、流域间、流域上下游、行业间、用水户间流转的行为。具体而言，水权交易包括区域水权交易、取水权交易以及灌溉用水户水权交易三种形式。

国内外学者针对绿色金融的研究非常多元和丰富，本节主要从我国绿色金融体系包含的三个部分即绿色金融政策及制度、绿色金融产品和服务以及环境权益市场来进行文献的综述。从绿色金融政策方面来看，受外部性的影响，政府的介入是必要的，相关法律法规的健全，包括税收和贴息等的激励和约束机制的完善对推动绿色金融的发展尤其是初级阶段的发展至关重要。我国绿色金融的发展是自上而下的模式，在构建绿色金融体系中完善绿色金融政策是首要的，我国政府在完善环境保护法、更新绿色认证标准、推动信息披露、加强绿色考核等方面做出了迅速且较多的尝试和努力。在绿色金融产品方面，更多的是依靠市场机制及参与主体的积极性和创造性，学者们对不同类型的绿色金融产品分别进行了研究，但可以看出，无论哪种绿色金融产品，都是在供求原理的价格驱动下来进行分析的。在绿色金融产品的市场中，无论是供给创造需求还是需求拉动供给，都是在利益驱动下完成交易的，金融机构因为利润、声誉、考核压力等或主动或被动地提供绿色金融产品，企业是否进行绿色投资、投资者是否选择绿色金融产品进行投资以及消费者是否进行绿色消费是促进绿色金融产品在市场中有效交易的关键，只有绿色金融产品市场机制完善，供求之间形成良性循环，才能实现绿色金融的资源配置功能，最终推动绿色经济的发展。因此，绿色金融产品研究的关键就是金融机构创新绿色金融产品来创造需求，同时从观念意识以及政府政策等方面来推动绿色消费和绿色投资，最终达到供求双方的双赢。在环境权益交易市场方面，国外对碳排放权交易有较丰富的经验，而对用能权、排污权以及用水权的研究较少。尽管国内在部分地方进行了试点，但是时间较短、效果不佳，还主要停留在市场建设、交易制度设计等初级阶段。

第二章 我国绿色金融制度实践

在绿色经济和高质量发展的背景下，绿色金融作为重要的资本要素供给领域，是实现绿色发展的重要手段和载体。而绿色金融和绿色经济一样都具有明显的外部性，且我国绿色金融发展还处于基础阶段，构建和完善绿色金融政策及制度安排是推动绿色经济和高质量发展的重要举措。作为一种制度安排，绿色金融政策是政府对市场机制的干预，以克服在市场价格体系下难以将污染成本内化于生产成本的弊端，并对具有环境效益、产生正外部性的绿色产业进行鼓励和扶持，从而实现金融对绿色发展的引导、促进作用①。

第一节 全国性绿色金融政策及制度安排的现状

我国绿色金融取得了长足的发展得益于绿色金融政策的支持，本节将从绿色金融政策的演变和绿色金融政策体系来梳理和分析我国绿色金融政策的现状。

一、我国绿色金融政策的演变历程

我国绿色金融的发展是一种"自上而下"的模式，绿色金融主要是在绿色金融政策的推动下发展起来的。本书将根据"绿色金融产品的出现即绿色信贷的出现—多元化的绿色金融产品—绿色金融体系的构建"这个思路来划分我国绿色金融政策的演变历程。

（一）我国绿色金融政策的起源阶段（1981—2006 年）

1. 绿色信贷的萌芽

我国长期处于粗放型的高速增长模式下，在 1972 年斯德哥尔摩的人类环

---

① 陈凯. 绿色金融政策的变迁分析与对策建议 [J]. 中国特色社会主义研究, 2017 (5): 93-98.

境会议后，我国开始意识到环境问题的严重性，1973 年国务院召开了第一次全国环境保护会议，揭开了中国环境保护事业的序幕，会议通过了《关于保护和改善环境的若干规定》。1981 年《国务院关于在国民经济调整时期加强环境保护工作的规定》指出"从经济的角度出发，通过杠杆的作用，促进企业治理环境污染"，强调利用经济杠杆来奖惩企业，这是我国第一次从经济金融的角度来支持环境保护，也被视为绿色金融发展的起步。1983 年国务院召开的第二次全国环境保护会议，将环境保护确立为基本国策。1984 年中国人民银行出台《关于环境保护资金渠道的规定的通知》，规定了环境保护资金的 8 条来源渠道，并设计了环境信贷，也就是绿色信贷的雏形。1989 年国务院召开第三次全国环境保护会议，提出要加强制度建设，深化环境监管，向环境污染宣战，促进经济与环境协调发展。1992 年"里约会议"后，世界已进入可持续发展时代，环境原则已成为经济活动中的重要原则。1995 年，原国家环保局发布了《关于运用信贷政策促进环境保护工作的通知》，强调金融机构对企业的授信额度必须考虑该企业所经营的项目对环境产生的影响。同年，中国人民银行印发了《关于贯彻信贷政策与加强环境保护工作有关问题的通知》，要求各级金融部门在信贷工作中落实国家环境保护政策，国内部分商业银行开始发放绿色信贷，中国的绿色金融制度正式诞生①。

2. 政府职能的确定

1996 年 7 月在北京召开的第四次全国环境保护会议，提出保护环境是实施可持续发展战略的关键；同年，国务院发布了《关于环境保护若干问题的决定》，提出完善环境经济政策，切实增加环境保护投入，国务院有关部门要按照"污染者付费、利用者补偿、开发者保护、破坏者恢复"的原则，在基本建设、技术改造、综合利用、财政税收、金融信贷及引进外资等方面，抓紧制定、完善促进环境保护、防止环境污染和生态破坏的经济政策和措施。"十五"规划提出了主要污染物排放总量比 2000 年减少 10%的目标；党的十六大提出了科学发展观，提出"统筹人与自然和谐发展"的要求；2002 年国务院召开第五次全国环境保护会议，提出环境保护是政府的一项重要职能，强调了政府在环境保护当中的重要作用。

3. 绿色信贷政策初建

2005 年 11 月国务院出台的《促进产业结构调整暂行规定》要求各有关部

---

① 西南财经大学发展研究院，环保部环境与经济政策研究中心课题组. 绿色金融与可持续发展 [J]. 金融论坛，2015（10）：30-40.

门要加快制定和修订财税、信贷等相关政策，推进产业结构优化升级，坚持节约发展、清洁发展、安全发展，实现可持续发展；并提出，大力发展循环经济，建设资源节约和环境友好型社会，实现经济增长与人口资源环境相协调。2005年12月，国务院出台《关于落实科学发展观加强环境保护的决定》，提出"把环境保护摆上更加重要的战略位置"，明确要求"对不符合国家产业政策和环保标准的企业，不得审批用地，并停止信贷，不予办理工商登记或者依法取缔"。2006年3月，国务院发布的《关于加快推进产能过剩行业结构调整的通知》指出，加强信贷等政策与产业政策的协调配合，明确对不符合国家产业政策、供地政策、市场准入条件、国家明令淘汰的项目和企业不得提供贷款和土地。同年6月和12月先后出台《中国银行业监督管理委员会关于继续深入贯彻落实国家宏观调控措施切实加强信贷管理的通知》和《中国人民银行 国家环境保护总局关于共享企业环保信息有关问题的通知》，前者要求采取"区别对待"的信贷政策，后者要求加强对企业环境违法行为的社会监督和制约，提高企业违法成本。

我国绿色金融政策起源于绿色信贷政策，这与我国以间接融资为主的融资模式有关，通过信贷对企业和行业进行资金的调配来推动环境保护。受限于当时发展绿色金融的理念和意识，本阶段的绿色金融政策不仅较少，且针对性和操作性都不强，较少落实具体措施。

（二）我国绿色金融政策的初建阶段（2007—2015年）

2007年以后，我国更加重视环境保护与经济发展之间的关系，重点实行行政手段与经济手段相结合，推动绿色发展。这一阶段绿色金融政策一方面着力助推绿色信贷的进一步发展，另一方面推动绿色金融从单一的绿色信贷向多元化的绿色金融产品发展。除了绿色信贷政策，绿色证券、绿色保险和碳市场政策也开始启动，形成了较全面的绿色金融政策的初建阶段。

1. 在推动绿色信贷进一步发展方面

2007年相继出台了《国务院关于印发节能减排综合性工作方案的通知》《国家环境保护总局 中国人民银行 中国银行业监督管理委员会关于落实环境保护政策法规防范信贷风险的意见》《中国银监会办公厅关于防范和控制高耗能高污染行业贷款风险的通知》和《中国银监会节能减排授信工作指导意见》，这些宏观政策都无一例外地视"信贷"为宏观调控的两大"闸门"之一，要求采取"区别对待"的信贷政策，即"严格控制新建高耗能、高污染项目"的同时，还要"加大对循环经济、环境保护及节能减排技术改造项目的信贷支持"，标志着绿色信贷政策进一步制度化、规范化。

2. 在推动绿色金融产品多样化发展方面

以 2007 年 7 月国家环境保护总局、中国人民银行、中国银行业监督管理委员会三部委联合出台的《关于落实环境保护政策法规防范信贷风险的意见》为标志，国家环境保护总局、国家发展和改革委员会与中国保险监督管理委员会、中国证券监督管理委员会陆续出台绿色保险和绿色证券管理办法，构成绿色金融政策的基本框架。之后各部门分别针对绿色信贷、绿色证券以及绿色保险等具体的绿色金融产品出台了诸多政策：绿色金融的配套制度的初建，包括绿色信贷的风险防范、绿色认证标准、考核评价体系；上市公司环保审核制度和环境信息披露制度；绿色债券审批与注册、第三方绿色债券评估、绿色债券评级和有关信息披露等①。2015 年 4 月，中共中央、国务院印发了《关于加快推进生态文明建设的意见》，提出完善经济政策，健全价格、财税、金融等政策，激励、引导各类主体积极投身生态文明建设。推广绿色信贷，支持符合条件的项目通过资本市场融资；探索排污权抵押等融资模式；深化环境污染责任保险试点，研究建立巨灾保险制度。2015 年 9 月，中共中央、国务院发布《生态文明体制改革总体方案》，提出构建绿色金融体系战略。

（三）我国绿色金融政策的快速发展阶段（2016—2020 年）

自 2016 年开始绿色金融体系的构建以来，我国绿色金融政策取得了飞速发展，各部门的政策文件以及措施如雨后春笋般密集出台，形成了比较系统的绿色金融体系，绿色金融上升为国家战略，建立了综合性政策框架，绿色认证标准和绿色信息披露等配套制度不断完善。

1. 构建绿色金融体系的绿色金融元年

2016 年 3 月发布的《中华人民共和国国民经济和社会发展第十三个五年规划纲要》明确提出，要"建立绿色金融体系、发展绿色信贷、绿色债券、设立绿色发展基金"。2016 年 8 月 31 日，中国人民银行联合七部委下发了《关于构建绿色金融体系的指导意见》（以下简称《指导意见》），该《指导意见》被国际公认为全球第一个最为系统的支持绿色金融发展的政策框架。《指导意见》强调，构建绿色金融体系的主要目的是动员和激励更多社会资本投入绿色产业，同时更有效地抑制污染性投资；提出了支持和鼓励绿色投融资的一系列激励措施，包括通过再贷款、专业化担保机制、绿色信贷支持项目财政贴息、设立国家绿色发展基金等措施支持绿色金融发展；明确了证券市场支持绿色投资的重要作用，要求统一绿色债券界定标准，积极支持符合条件的绿色

---

① 因后面会有具体绿色金融产品的政策支持的阐述，此处就不再赘述。

企业上市融资和再融资，支持开发绿色债券指数、绿色股票指数以及相关产品，逐步建立和完善上市公司和发债企业强制性环境信息披露制度；还提出发展绿色保险和环境权益交易市场，按程序推动制定和修订环境污染强制责任保险相关的法律或行政法规，支持发展各类碳金融产品，推动建立环境权益交易市场，发展各类环境权益的融资工具；支持地方发展绿色金融，鼓励有条件的地方通过专业化绿色担保机制、设立绿色发展基金等手段撬动更多的社会资本投资绿色产业。同时，还要求广泛开展绿色金融领域国际合作，继续在二十国集团（G20）框架下推动全球形成共同发展绿色金融的理念。2016 年是我国的绿色金融元年，绿色发展顶层设计确立，绿色金融体系初步形成。2017 年 7 月 5 日，中国人民银行牵头印发《落实〈关于构建绿色金融体系的指导意见〉的分工方案》，细化任务分工，明确责任主体和成果进度，力争将构建绿色金融体系的各项目标要求落实到位。

2. 完善配套制度方面

（1）绿色标准认证。2016 年 12 月，国务院办公厅印发了《关于建立统一的绿色产品标准认证、标识体系的意见》（以下简称《意见》），要求按照统一目录、统一标准、统一评价、统一标识的方针，将现有环保、节能、节水、循环、低碳、再生、有机等产品整合为绿色产品，构建统一的绿色产品标准、认证、标识体系，实施统一绿色产品评价标准。《意见》指出，在构建统一的绿色产品标准、认证、标识体系的基础上，推进绿色产品信用体系建设，严格落实生产者对产品质量的主体责任、认证实施机构对检测认证结果的连带责任，对严重失信者建立联合惩戒机制，对违法违规行为的责任主体建立黑名单制度。2017 年，中国人民银行、银监会、证监会、保监会和国家标准委联合发布《金融业务标准化体系建设发展规划（2016—2020 年）》，将绿色金融标准化工程作为重点工程，努力建设与多层次绿色金融市场体系相适应、科学使用的绿色金融标准体系。2019 年，国家发展改革委等部门发布了《绿色产业指导目录（2019 年版）》，进一步厘清了产业边界，为绿色金融的资金配置提供了更具体的方向，也为绿色金融服务提供了统一的标准。

（2）环境信息披露。环境信息披露工作可视为一项"基础设施"，是绿色金融标准的第一批"急用先行"的标准，对金融行业的可持续发展具有重要意义。《中国绿色金融发展研究报告（2018）》第 8 章，提出了《中国金融机构环境信息披露试点工作方案》，并发布了三阶段行动计划，研究构建了《中方金融机构环境信息披露目标框架》，明确了建议披露的定性信息和定量指标；推动各试点单位依据行动计划和目标框架，开展各自的环境信息披露工作。

（3）绿色评价。2018年，中国银行业协会印发了《中国银行业绿色银行评价实施方案（试行）》，中国人民银行发布了《关于开展银行业存款类金融机构绿色信贷业绩评价的通知》，通过对银行开展绿色金融尤其是绿色信贷相关的指标进行绿色评价提供标准。2020年7月，中国人民银行进行了更新，对银行绿色金融的考核范围由之前的绿色信贷延伸到绿色债券，并将绿色金融业绩评价结果纳入央行金融机构评级。

（4）绿色发展价格和补偿机制。2018年，国家发改委发布了《关于创新和完善促进绿色发展价格机制的意见》，要求完善污水处理收费、固体废物处理收费、节约用水和节能环保的电价机制的政策，并提出了2020年和2025年的总体目标：到2020年，有利于绿色发展的价格机制、价格政策体系基本形成，促进资源节约和生态环境成本内部化的作用明显增强；到2025年，适应绿色发展要求的价格机制更加完善，并落实到全社会各方面各环节。2019年，国家发改委印发《建立市场化、多元化生态保护补偿机制行动计划》，提出建立市场化、多元化生态保护补偿机制，要健全资源开发补偿、污染物减排补偿、水资源节约补偿、碳排放权抵消补偿制度，合理界定和配置生态环境权利，健全交易平台，引导生态受益者对生态保护者的补偿。此举旨在建立政府主导、企业和社会参与、市场化运作、可持续的生态保护补偿机制，激发全社会参与生态保护的积极性。

3. 绿色消费方面

2016年，国家发展改革委等十部委印发《关于促进绿色消费的指导意见的通知》，对绿色消费进行定义，指出绿色消费是指以节约资源和保护环境为特征的消费行为，主要表现为崇尚勤俭节约，减少损失浪费，选择高效、环保的产品和服务，降低消费过程中的资源消耗和污染排放。强调绿色消费的重要性，着力培养绿色消费理念，并提出2020年的总体要求和主要目标。2019年，国家发展改革委发布的《绿色生活创建行动总体方案》为绿色消费提供了一定的标准，从培养绿色消费理念到指导具体的绿色生活行动来推动绿色消费。

4. 地方绿色金融发展方面

2017年国务院分别在新疆、贵州、广东、江西和浙江五省八地设立了绿色金融改革创新试验区，中国人民银行等七部门联合印发了《浙江省湖州市、衢州市建设绿色金融改革创新试验区总体方案》《广东省广州市建设绿色金融改革创新试验区总体方案》《新疆维吾尔自治区哈密市、昌吉州和克拉玛依市建设绿色金融改革创新试验区总体方案》《贵州省贵安新区建设绿色金融改革创新试验区总体方案》和《江西省赣江新区建设绿色金融改革创新试验区总体方案》。推动绿色金融改革创新试验区落地是我国推动绿色金融发展的又一重大部署，标志着地方绿色金融体系建设正式进入落地实践阶段①。2018年，工业和信息化部、中国农业银行发布的《关于推进金融支持县域工业绿色发展工作的通知》指出，充分利用多种金融手段，积极支持工业设计、生产、物流、消费等全产业链绿色转型，全面推行绿色制造，推动县域工业向高质量发展转变，实现绿色增长。

5. 国际合作方面

2016年发起的G20绿色金融研究小组连续三年完成《G20绿色金融综合报告》，有关政策建议纳入G20峰会成果，推动形成发展绿色金融的国际共识。《G20高质量基础设施投资原则》纳入了鼓励运用绿色金融工具的表述。2017年年底，中国人民银行、法国央行、荷兰央行、德国央行、瑞典金融监管局、英格兰银行、墨西哥央行、新加坡金管局8家机构共同成立了央行与监管机构绿色金融网络（NGFS），以强化金融体系风险管理，动员资本进行绿色低碳投资，促进环境友好、可持续发展。2019年，中国主要金融机构已经签署了《"一带一路"绿色投资原则》（以下简称《原则》）。在环境和气候风险评估上，《原则》制定了相关的工具箱，金融机构可用其测算项目碳排放水平，以提高气候环境风险管理能力。在气候和环境信息披露上，《原则》制定了一套披露框架和相关的指引，方便金融机构进行信息披露，提升披露的范围和深度。同年，中国人民银行易纲行长与欧委会副主席Dombrovskis、基金组织总裁格奥尔基耶娃共同发起可持续金融平台（IPSF），IPSF重点关注绿色金融分类标准、绿色标签标准及可持续信息披露三项工作。其中，中欧双方重视绿色金融分类标准，认为双方绿色金融分类标准趋同，有助于推动中欧绿色金融市场协调发展，可为形成国际通用的绿色金融分类标准打下基础。

2016年以来，除绿色信贷以外的绿色证券和绿色保险等绿色金融政策也越来越多，各部门各地区针对具体的绿色金融产品及其相应的配套制度提出了细化的政策措施，本节将在下文就绿色金融政策体系的绿色信贷政策、绿色证券政策和绿色保险政策来分别梳理相应的政策演进情况。

（四）2021年碳中和元年

2020年9月中国在联合国大会上提出在2030年实现碳达峰、2060年实现碳中和的远景目标。2021年"3060碳中和目标"被纳入国家"十四五"发展规划，并被首次写入2021年政府工作报告，将"落实碳达峰碳中和重大决策

---

① 谭晓思. 5省份8个绿色金融改革创新试验区总体方案出台 [N]. 经济日报, 2017-06-27.

部署，完善绿色金融政策框架和激励机制"列为 2021 年第三大重点工作。2020 年 10 月 26 日，生态环境部、国家发展改革委、中国人民银行、中国银保监会、中国证监会五部委联合发布《关于促进应对气候变化投融资的指导意见》（以下简称《指导意见》），这是自碳中和目标提出后的首份关于气候变化的部委文件。《指导意见》首次从国家政策层面将应对气候变化投融资（以下简称"气候投融资"）提上议程，为气候变化领域的建设投资、资金筹措和风险管控进行了全面部署。其首次明确了气候投融资的定义与支持范围，并分别从政策体系、标准体系、社会资本、地方实践、国际合作、组织实施等方面阐述了下一阶段推进气候投融资的具体工作。《指导意见》指出气候投融资是为实现国家自主贡献目标和低碳发展目标，引导和促进更多资金投向应对气候变化领域的投资和融资活动，支持范围包括减缓和适应气候变化两个方面。同时，定义中强调了气候投融资是绿色金融的重要组成部分。这一界定点明了绿色金融与气候投融资的包含关系，在概念层面为气候投融资与绿色金融的协同发展奠定了基础。2021 年中国人民银行提出构建包括绿色金融标准、环境信息披露、政策激励机制、产品创新体系、国际合作在内的绿色金融体系"五大支柱"。为了实现碳达峰和碳中和的目标，国家 2021 年（截至 2021 年 8 月底）紧锣密鼓地出台了各项政策（见表 2-1），涉及绿色生产、绿色投资、绿色消费、绿色技术以及强制性环境信息披露等方面，表明了政府推动节能减排的绿色低碳发展的决心。中共中央政治局 7 月 30 日召开会议，会议要求，要统筹有序做好碳达峰、碳中和工作，尽快出台 2030 年前碳达峰行动方案，坚持全国一盘棋，纠正运动式"减碳"，先立后破，坚决遏制"两高"项目盲目发展。未来我国绿色金融将有更多配套政策加速出台。

表 2-1 2021 年的绿色金融政策

机构/部门	政策名称	主要内容
国务院	《关于加快建立健全绿色低碳循环发展经济体系的指导意见》	要求从生产体系、流通体系、消费体系、基础设施、技术创新升级、法律法规体系全方位地健全绿色低碳循环发展，指出要大力发展绿色金融，完善绿色标准、绿色认证体系和统计监测制度，培育绿色交易市场机制
国家发改委、中国人民银行等五部委	《关于引导加大金融支持力度 促进风电和光伏发电等行业健康有序发展的通知》	强调风电和光伏发电等行业健康有序发展对绿色低碳发展的重要性，明确从补贴和贷款两个方面进行金融支持。《通知》明确了金融机构按照商业化原则与可再生能源企业协商展期或续贷；按照市场化、法治化原则自主发放补贴确权贷款

表2-1(续)

机构/部门	政策名称	主要内容
国务院等	《关于建立健全生态产品价值实现机制的意见》	指出推动生态资源权益交易，探索交易试点，要求对各类环境权益交易机制进行探索和完善；加大金融支持力度以健全生态产品价值的实现
生态环境部	《环境信息依法披露制度改革方案》《关于开展重点行业建设项目碳排放环境影响评价试点的通知》	建立明确环境信息强制性披露主体、内容、时效性和形式的规范要求及相关法律法规体系，将环境信息强制性披露要求纳入上市公司发行环节以及企业债券、公司债券、非金融企业债务融资工具的信息披露管理办法。在河北、吉林、浙江、上海、广东、重庆、陕西等地开展碳排放环境影响评价的建设项目试点工作
中国人民银行	《银行业金融机构绿色金融评价方案》《金融机构环境信息披露指南（试行）》	鼓励银行业金融机构积极拓展绿色金融业务，加强对高质量、绿色低碳发展的金融支持。《指南》就披露形式、频次和披露的内容做出具体要求，其中披露的内容包括环境治理结构、政策制度、产品和服务、环境风险管理、环境对金融机构的影响以及金融机构活动的环境影响等11项

二、我国绿色金融政策体系的现状

绿色金融政策体系包括绿色信贷政策、绿色证券政策、绿色保险政策和碳排放交易相关政策。目前，我国绿色金融政策体系以绿色信贷政策和绿色证券政策为主。

（一）绿色信贷政策

绿色信贷是我国绿色金融的重点和核心，绿色信贷政策也是绿色金融政策体系的主要构成，2016年之前的绿色金融政策几乎就是绿色信贷政策。绿色信贷发展至今，其发展具有明显的政府先导的特性。从国务院到中国银保监会由上而下地引导和推动银行业开展绿色信贷服务业务。绿色信贷宏观层面的制度安排可以归纳为以下三个阶段。

1. 酝酿萌芽阶段（1981—2005年）

1981年由国务院发布的《国务院关于在国民经济调整时期加强环境保护工作的决定》规定了"利用经济杠杆"保护环境的几项政策措施，是我国最早的绿色信贷相关政策。1984年《关于环境保护资金渠道的规定通知》设计了环境信贷即绿色信贷，但商业银行绿色信贷的实践是在2005年之后。2005

年 12 月，国务院发布的《关于落实科学发展观加强环境保护的决定》是我国绿色信贷的开始。所以在这个阶段，绿色信贷政策（见表 2-2）主要是酝酿的作用，为绿色信贷的实践做准备。

表 2-2　酝酿萌芽阶段的绿色信贷政策

时间	部门/机构	政策名称	主要内容
1984 年	国务院等多部委	《关于环境保护资金渠道的规定通知》	明确企业环保项目资金可向银行申请贷款，设计了环境信贷
1995 年	国家环保局	《关于运用信贷政策促进环境保护工作的通知》	强调金融机构对企业的授信额度必须考虑该企业所经营的项目对环境产生的影响
	中国人民银行	《关于贯彻信贷政策与加强环境保护工作有关问题的通知》	要求各级金融部门在信贷工作中落实国家环境保护政策
2004 年	国家发改委、中国人民银行、中国银监会	《关于进一步加强产业政策和信贷政策协调配合控制信贷风险有关问题的通知》	提出信贷政策和产业政策的协调，且明确了禁止和限制类行业，要求银行业调整信贷投向，同时控制风险
2005 年	国务院	《关于落实科学发展观 加强环境保护的决定》	再次强调了金融部门要制定有关环境保护的金融政策

2. 启动实施阶段（2006—2011 年）

2006 年银行业开始启动绿色信贷业务，中国人民银行和银监会等发布了一系列的政策措施（见表 2-3）。2006 年和 2011 年的绿色信贷政策为银行业开展绿色信贷业务明确了大致的方向，以"节能减排、绿色环保和循环经济"为重点，开展符合国家产业政策与环保要求的信贷业务，防范环保风险，优化信贷结构，为促进绿色信贷发展提供制度保障。其中 2007 年，颁发的一系列文件阐明了发展绿色信贷的紧迫性和重要性，标志着环境保护国家意志的强化，标志着中国正式开始构建"绿色信贷"机制。随后的政策都明确要求优化信贷结构、突出金融支持节能减排和淘汰落后产能工作，绿色信贷政策逐渐制度化，各银行等金融机构积极响应，进一步完善绿色信贷政策。

表 2-3　启动实施阶段的主要绿色信贷政策

时间	部门/机构	政策名称	主要内容
2006年	国务院	《关于加快推进产能过剩行业结构调整的通知》	明确对不符合国家产业政策、供地政策、市场准入条件、国家明令淘汰的项目和企业不得提供贷款和土地
		《关于共享企业环保信息有关问题的通知》	要求加强对企业环境违法行为的社会监督和制约，提高企业违法成本
2007年	原国家环保总局、人民银行、银监会	《关于落实环境保护政策法规防范信贷风险的意见》	首次提出"绿色信贷"，为银行业金融机构支持节能减排提供了政策依据。针对鼓励类、限制和淘汰类和淘汰类项目给出了具体的信贷指导和要求
	人民银行	《关于改进和加强节能环保领域金融服务工作的指导意见》	要求各银行类金融机构要认真贯彻国家环保政策，严格授信管理，将环保评估的审批文件作为授信使用的条件之一，严格控制对高能耗、高污染行业的信贷投入，加快对落后产能和工艺的信贷退出步伐
	银监会	《关于防范和控制高耗能高污染行业贷款风险的通知》	要求采取"区别对待"的信贷政策，严格控制高耗能、高污染行业的信贷规模，同时，鼓励节能减排信贷，要求加大对循环经济、环境保护及节能减排技术改造项目的信贷支持
		《节能减排授信工作指导意见》	
		《关于加强银行业金融机构社会责任的意见》	银行业金融机构的社会责任至少应包括节约资源、保护和改善自然生态环境
2008年	中国银行业协会	《中国银行业金融机构企业社会责任指引》	对银行业金融机构履行企业社会责任的管理机制和制度提出了建议
2009年	中国人民银行、中国银监会、中国证监会和中国保监会	《中华人民共和国循环经济促进法》	强化银行业金融机构社会责任，要求限制"淘汰类"授信以支持循环经济
		《关于进一步做好金融服务支持重点产业调整振兴和抑制部分行业产能过剩的指导意见》	明确指出要严格控制产能过剩行业的信贷投放，进一步加大了对节能减排和生态环保项目的金融支持，支持发展低碳经济，加大力度支持环保产业
	环保部和中国人民银行	《关于全面落实绿色信贷政策进一步完善信息共享工作的通知》	要求扎实做好将企业环保信息纳入征信系统工作，进一步促进环保部与金融部门建立信息共享
2010年	中国人民银行和中国银监会	《关于进一步做好支持节能减排和淘汰落后产能金融服务工作的意见》	要求把金融支持节能减排和淘汰落后产能工作摆在更加突出的位置，切实抓好政策贯彻落实

3. 规范发展阶段（2012 年至今）

2012 年以来，中国银监会和中国人民银行等从绿色信贷认证标准、绿色信贷统计制度、绿色信贷评价以及绿色银行考核等各方面来完善绿色信贷发展的配套制度（见表 2-4），实现了绿色信贷的规范发展，且鼓励银行业创新绿色信贷产品，更好地促进节能减排，帮助实现绿色发展。

表 2-4　规范发展阶段的主要绿色信贷政策

时间	部门/机构	政策名称	主要内容
2012 年	中国银监会	《绿色信贷指引》	明确了银行业金融机构绿色信贷支持方向和重点领域，要求实行有差别、动态的授信政策，实施风险敞口管理制度，建立相关统计制度
2013 年	中国银监会	《关于绿色信贷工作的意见》	要求各银监局和银行业金融机构应切实将绿色信贷理念融入银行经营活动和监管工作中，认真落实绿色信贷指引要求
		《绿色信贷统计制度》	明确了 12 类节能环保项目和服务的绿色信贷统计范畴，统一了绿色信贷的统计口径，明确了银行绿色信贷考核评价体系，促进商业银行绿色信贷规范的发展
2014 年	中国银监会	《绿色信贷实施情况关键评价指标》	完善绿色信贷考核评价体系，对银行包括组织管理、能力建设、流程管理、内控管理、信息披露以及包括绿色信贷规模、"两高一剩"退出规模、环境效应等定量指标等 100 余个具体指标进行评价
2015 年	中国银监会和国家发改委	《能效信贷指引》	鼓励和指导银行业金融机构积极开展能效信贷业务，有效防范能效信贷业务相关风险，支持产业结构调整和企业技术改造升级，促进节能减排，进一步明确了我国绿色信贷支持和限制的目标以促进绿色转型的发展
2016 年	中国人民银行等八部委	《关于金融支持工业稳增长调结构增效益的若干意见》	提出推动加快工业信贷产品创新，大力发展能效信贷、合同能源管理未来收益权质押贷款、排污权抵押贷款、碳排放权抵押贷款等绿色信贷业务，积极支持节能环保项目和服务
	中国人民银行等七部委	《关于构建绿色金融体系的指导意见》	提出了支持和鼓励绿色投融资的一系列激励措施，包括通过再贷款、专业化担保机制、绿色信贷支持项目财政贴息等

表2-4(续)

时间	部门/机构	政策名称	主要内容
2018年	中国人民银行	《关于开展银行业存款类金融机构绿色信贷业绩评价的通知》	中国人民银行制定了《银行业存款类金融机构绿色信贷业绩评价方案（试行）》，抓紧制定辖区内银行业存款类金融机构（法人）绿色信贷业绩评价实施细则并抓好评估落实工作，充分发挥中央银行职责作用，着力提升金融机构绿色信贷绩效

（二）绿色证券政策

蓝虹（2018）指出绿色证券制度包括上市公司环保核查制度、上市公司环境信息披露制度和上市公司环境绩效评估制度三个方面的制度体系，是针对企业的直接融资实行环保控制的相关措施、制度，包括绿色市场准入制度、绿色发行及配股制度和环保绩效披露制度，试图全方位抑制"双高"企业从证券市场获得资金。2018年上海证券交易所发布了《上海证券交易所服务绿色发展 推进绿色金融愿景与行动计划（2018—2020年)》，提出通过发挥资本市场优化自愿配置的功能支持和促进生态文明建设，通过推动股票市场、绿色债券、绿色证券指数和基金产品以及绿色金融国际合作四个方面积极参与绿色金融实践。自2003年以来，环保局、国家发改委、中国人民银行、上海证券交易所、深圳证券交易所、中国证监会和交易商协会各部门先后出台了绿色证券的相关政策，包括绿色项目界定标准、绿色证券发行标准以及信息披露和募集资金管理的监管要求等。

1. 上市公司环境保护的监管政策

2008年，国家环境保护总局发布的《关于加强上市公司环境保护监督管理工作的指导意见》提出从进一步完善和加强上市公司环保核查制度、积极探索建立上市公司环境信息披露机制、加大对上市公司遵守环保法规的监督检查力度三个方面引导上市公司积极履行保护环境的社会责任。

（1）环境保护核查制度。

国家环境保护总局2003年和2007年相继出台了《关于对申请上市的企业和申请再融资的上市企业进行环境保护核查的规定》和《关于进一步规范重污染行业生产经营公司申请上市或再融资环境保护核查工作的通知》，要求对重污染行业上市企业进行环境保护审核，明确审核对象为对重污染行业申请上市的企业和申请再融资的上市企业且募集资金投资于重污染行业。2008年中国证监会发布的《关于重污染行业生产经营公司IPO申请申报文件的通知》

要求其他重污染行业生产经营活动的企业申请首次公开发行股票也需要通过环保局的环保审核，进一步限制了非环保企业通过上市直接融资。2008年环境保护部制定《上市公司环境保护核查行业分类管理名录》（以下简称《管理名录》），明确在火电、钢铁、水泥、电解铝、煤炭、冶金、建材、采矿、化工、石化、制药、轻工、纺织和制革14个行业中，不能通过环保核查的企业将不得申请再融资，也不得申请上市，《管理名录》中未包含的类型暂不列入核查范围，标志着上市公司环保审核制度基本成型。

2011年环保部发布《关于进一步规范监督管理严格开展上市公司环保核查工作的通知》，明确了上市公司环保核查的时间、环保违法的处罚措施，以推动上市公司环保核查规范化。2012年环保部发布《关于进一步优化调整上市环保核查制度的通知》，提出要精简工作环节，缩短工作时限，突出环保核查重点，强化上市公司环保主体责任，全面推进环境保护信息公开，进一步完善环保核查制度。2014年发布了《关于改革调整上市环保核查工作制度的通知》，将上市环保核查工作转化为日常环保监管，要求上市公司应按照要求公开环境信息，并按《企业环境报告书编制导则》定期发布企业环境报告书，加大对企业环境监管信息的公开力度，且对上市企业环境表现进行评估。

（2）环境信息披露制度。

2008年上海证券交易所发布的《上海证券交易所上市公司环境信息披露指引》提出了建立上市公司的环境信息披露机制，明确了上市公司强制披露和自愿披露的环保信息的具体内容。2014年上海证券交易所出台《上海证券交易所上市公司信息披露工作评价办法》，2017年12月，中国证监会颁布的《公开发行证券的公司信息披露内容与格式准则第2号·年度报告的内容与格式（2017年修订）》，规定上市公司在报告期内以临时报告的形式披露环境信息内容的，应当说明后续进展或变化情况；重点排污单位之外的公司可以参照上述要求披露其环境信息，若不披露的，应当充分说明原因；鼓励公司自愿披露有利于保护生态、防治污染、履行环境责任的相关信息。2017年中国环境新闻工作者协会与北京化工大学联合发布首个《中国上市公司环境责任信息披露评价报告》。2017年6月，环保部和中国证监会发布了《关于共同开展上市公司环境信息披露工作的合作协议》，未来将共同推动建立和完善上市公司强制性环境信息披露制度，督促上市公司履行环境保护社会责任。2017年6月上海证券交易所修订《上海证券交易所上市公司信息披露工作评价办法（2017年修订）》，增加了本所推进监管转型和提高信息披露有效性方面的评价内容。2019年9月深圳证券交易所新修订《上市公司信息披露工作考核办法》，对上市公司履行社会责任的披露情况进行考核，增加了第十六条"履行社会责任披露情况"，并首次提及了 ESG 披露。

（3）公司治理制度。

2002 年中国证监会发布《上市公司治理准则》。2018 年 9 月 30 日，中国证监会官网披露修订后的《上市公司治理准则》（以下简称《新准则》）。《新准则》将"利益相关者、环境保护与社会责任"单独作为一章进行阐释和强调，倡导上市公司践行绿色发展理念，积极参与公益事业，履行社会责任，保护员工权益。同时在第九十五条和第九十六条，要求上市公司依照相关法律法规和有关部门要求，披露环境信息、履行社会责任情况及公司治理相关信息。《新准则》引入了目前国际资本市场上正大力推行的 ESG 经营理念，要求上市公司将环境、社会责任和公司治理融入公司发展战略，并且搭建了上市公司 ESG 信息披露的基本框架。

2. 绿色债券相关制度

（1）《绿色债券支持项目目录》界定了绿色债券，明确了绿色债券资金投入方向。2015 年 12 月，中国人民银行出台了《绿色债券支持项目目录》，这是我国第一份关于绿色债券界定与分类的文件，指出绿色金融债券是指金融机构法人依法发行的、募集资金用于支持绿色产业并按约定还本付息的有价证券。同时给出了绿色产业项目范围参考目录，以明确绿色债券资金用途的范围，为绿色债券审批与注册、第三方绿色债券评估、绿色债券评级和有关信息披露提供参考依据。2019 年对《绿色债券支持项目目录》进行了一次修订，2021 年 4 月，中国人民银行、国家发展改革委、中国证监会联合发布《关于印发〈绿色债券支持项目目录（2021 年版）〉的通知》，并随文发布《绿色债券支持项目目录（2021 年版）》（以下简称《绿债目录（2021 年版）》）。《绿债目录（2021 年版）》实现了三大突破：一是绿色项目界定标准更加科学准确。煤炭等化石能源清洁利用等高碳排放项目不再纳入支持范围，并采纳国际通行的"无重大损害"原则，使减碳约束更加严格。二是债券发行管理模式更加优化。首次统一了绿色债券相关管理部门对绿色项目的界定标准，有效降低了绿色债券发行、交易和管理成本，提升了绿色债券市场的定价效率。三是为我国绿色债券发展提供了稳定框架和灵活空间。不仅实现与国际主流绿色资产分类标准保持相当的一致性，而且有助于国家绿色低碳转型发展重点项目得到"清单"式金融服务，拓展了绿色债券支持领域。《绿债目录（2021 年版）》将使我国绿色债券更加聚焦绿色低碳发展战略，更好地为我国绿色金融发展赋能，推动绿色金融领域的国际合作。

（2）绿色债券发行制度。2015年12月，国家发改委办公厅发布了《绿色债券发行指引》的通知，规定绿色债券发行获利将只会投资到绿色项目中去。明确对绿色债券实施"加快和简化审核类"债券审核程序，提高审核效率，同时放宽企业发行绿色债券的准入条件，但要求定期进行信息披露，以及对利润的明确分配。中国人民银行发布《关于在银行间债券市场发行绿色金融债券的公告》，明确了绿色金融债券需具备的条件与遵循的流程。2016年，上海证券交易所和深圳证券交易所相继发布了《关于开展绿色公司债券试点的通知》，明确了绿色公司债券的发行、上市交易的条件和要求，鼓励政府相关部门和地方政府出台优惠政策支持绿色公司债券发展。2016年国家发展改革委和环境保护部发布《关于培育环境治理和生态保护市场主体的意见》，鼓励企业发行绿色债券，提高绿色供给能力；同年，中国人民银行设立绿色债券发行的绿色核准通道，将符合条件的绿色债券纳入相关货币政策操作的抵押品范围，进一步增强了绿色债券的市场竞争力。

（3）规范绿色债券市场的发展。2017年，中国证监会公布《中国证监会关于支持绿色债券发展的指导意见》，提出在证监会系统内建设专门的绿色审核通道，鼓励交易所研究并发布绿色公司债券指数，建立和完善绿色公司债券板块的业务。对绿色公司债券、绿色产业及项目做出界定，要求募集资金必须投向绿色产业项目，有助于防范"洗绿"风险，保证绿色债券市场健康有序发展。要求绿色债券按公司债一般规定披露常规信息，同时披露资金使用情况、绿色产业项目进展和环境效益等；中国银行间市场交易商协会也在《非金融企业绿色债务融资工具业务指引》中首次提出在发行中披露项目环境效益、绿色评估认证并鼓励第三方机构披露绿色程度。中国人民银行和中国证监会出台《绿色债券评估认证行为指引（暂行）》，从机构资质、业务承接、业务实施、报告出具及监督管理等方面做出了具体规范和要求。2018年，中国人民银行发布《关于加强绿色金融债券存续期监督管理有关事宜的通知》，将对存续期绿色金融债券募集资金使用情况进行监督核查，主要内容包括发行人经营状况、募集资金投放进度、绿色项目情况等。2019年5月，中国人民银行发布《关于支持绿色金融改革创新试验区发行绿色债务融资工具的通知》，支持试验区内企业注册发行绿色债务融资工具。

3. 其他绿色证券相关政策

（1）绿色基金。

①建立绿色基金。2010年4月，国家发改委、中国人民银行、中国银监会和中国证监会联合发布《关于支持循环经济发展的投融资政策措施意见的

通知》，明确鼓励通过绿色股权投资基金支持资源循环利用企业与项目。10月，《国务院关于加快培育和发展战略性新兴产业的决定》提出，需大力发展创业投资和股权投资基金，吸引社会资金投向节能环保产业等战略性新兴产业。2011年10月，国务院发布《关于加强环境保护重点工作的意见》，明确指出多渠道建立环保产业发展基金。2012年9月，国家发改委出台《十二五节能环保产业发展规划》，提出需要研究设计节能环保产业投资基金，以拓宽环保产业的投融资渠道。2015年9月，国务院出台《生态文明体制改革总体方案》，明确提出建立绿色金融体系，支持设立各类绿色发展基金。2016年"发展绿色金融，设立绿色发展基金"被列入"十三五"规划，"十三五"规划提出充分利用中央预算内投资等建设基金以及PPP模式，设立工业绿色发展基金，帮助化解金融创新的资金瓶颈问题，保障我国工业绿色发展规划有效落地实施。《关于构建绿色金融体系的指导意见》（以下简称《指导意见》）明确提出，通过政府和社会资本合作（PPP）模式动员社会资本，支持设立各类绿色发展基金，实行市场化运作；支持在绿色产业中引入PPP模式，鼓励将节能减排降碳、环保和其他绿色项目与各种相关高收益项目打捆，建立公共物品性质的绿色服务收费机制；推动完善绿色项目PPP相关法规规章，鼓励各地在总结现有PPP项目经验的基础上，出台更加具有操作性的实施细则；鼓励各类绿色发展基金支持以PPP模式操作的相关项目。《指导意见》首次提出中央财政整合现有节能环保等专项资金设立国家绿色发展基金，同时鼓励有条件的地方政府和社会资本共同发起区域性绿色发展基金。

②鼓励绿色投资。2017年，国务院常务会议决定建设绿色金融改革创新试验区，多措并举，推动经济绿色转型升级，并提出支持创投、私募基金等境内外资本参与绿色投资。绿色基金的政策落地也会有助于提振投资者的信心。2018年11月，中国证券投资基金业协会发布《绿色投资指引（试行）》（以下简称《指引》），这是国内出台的首份全面系统的绿色投资行业自律标准。对绿色机构投资者做出普遍适用的规范性要求，要求基金管理人应每年开展一次绿色投资情况自评估并上报评估结果。《指引》旨在鼓励基金管理人关注环境可持续性，强化基金管理人对环境风险的认知，明确绿色投资的界定和实施方法，推动基金行业发展绿色投资，改善投资活动的环境绩效，促进绿色、可持续的经济增长。

③ESG自愿信息披露。2020年9月，上海证券交易所发布的《上海证券交易所科创板上市公司自律监管规则适用指引第2号·自愿信息披露》（以下简称《指引》）纳入了ESG信息披露内容。《指引》的第十四条是"环境、

社会责任和公司治理（ESG）"。自愿信息披露，规定科创公司可在法律规则下，在披露环境保护、社会责任履行情况和公司治理一般信息的基础上，根据所在行业、业务特点、治理结构，进一步披露环境、社会责任和公司治理方面的个性化信息。

（2）绿色资产证券化。2016年发布的《关于构建绿色金融体系的指导意见》提出推动绿色信贷资产证券化，要求在总结前期绿色信贷资产证券化业务试点经验的基础上，通过进一步扩大参与机构范围，规范绿色信贷基础资产遴选，探索高效、低成本抵质押权变更登记方式，提升绿色信贷资产证券化市场流动性，加强相关信息披露管理等举措，推动绿色信贷资产证券化业务常态化发展。2017年，财政部、中国人民银行和中国证监会发布了《关于规范开展政府和社会资本合作项目资产证券化有关事宜的通知》，优先支持水务、环保等行业开展PPP项目资产证券化。

（三）绿色保险政策

绿色保险作为绿色金融的重要组成部分，大力发展绿色保险有益于经济与生态环境的和谐发展，绿色保险政策结合环境保护法推动了绿色保险的发展。我国的绿色保险主要是指环境责任保险，绿色保险政策从鼓励企业购买环境责任保险到建立健全环境污染强制责任保险，并通过生态环境赔偿制度压实企业污染生态环境应承担的赔偿责任，以提高企业投保环境责任保险的积极性。

1. 环境责任险试点和鼓励阶段

2006年，国务院出台了《国务院关于保险业改革发展的若干意见》，明确提出大力发展环境责任保险，从此进入环境责任保险的试点发展阶段。2007年12月，中国保监会与环境保护部门联合发布的《关于环境污染责任保险的指导意见》（以下简称《指导意见》）提出选择部分环境危害大、最易发生污染事故和损失容易确定的行业、企业和地区，率先开展环境污染责任保险试点工作，启动了环境污染责任保险的政策试点。《指导意见》中提到的环境污染责任保险，也叫作绿色保险，是企业发生污染事故时的保险补偿机制。之后，全国各地的保险与环保部门开始积极实施绿色保险的推进工作。

2. 强制性环境责任保险试点和发展阶段

2013年，环境保护部和中国保监会联合发布了《关于开展环境污染强制责任保险试点工作的指导意见》，中国正式的强制性环境污染责任保险制度建立。2014年4月，新《环境保护法》鼓励企业投保环境责任保险。8月，国务院印发《关于加快发展现代保险服务业的若干意见》，提出需把与公众密切相关的环境污染领域作为责任保险发展重点之一。2015年国务院等出台《生态文明体制改革总体方案》，要求在环境高风险领域建立环境污染强制责任保险制度。2016 年中国保监会印发《中国保险业发展"十三五"规划纲要》，指出要配合国家新能源战略，加快发展绿色保险，完善配套保险产品研发。2016 年的《关于构建绿色金融体系的指导意见》提出要发展绿色保险，在环境高风险领域建立环境污染强制责任保险制度，鼓励和支持保险机构创新绿色保险产品和服务并参与环境风险治理体系建设。2017 年 5 月发布的《化学原料及化学制品制造业责任保险风险评估指引》（以下简称《指引》）成为保险业首个环保责任保险金融行业标准。6 月，环境保护部和中国保监会联合制订了《环境污染强制责任保险管理办法》（以下简称《管理办法》），明确规定环境责任保险为强制责任保险，对高污染企业购买绿色保险做出明确要求，同时规定保险公司若无正当理由对投环境责任保险的企业不得拒绝或者拖延承保，进一步规范、健全了环境污染强制责任保险制度，丰富了生态环境保护市场手段。《管理办法》作为首个环境污染强制责任保险的系统性实施规章出台。2017 年 6 月 14 日，国务院总理李克强在国务院常务会上提出通过创新生态环境责任类保险产品来加快发展绿色保险。党的十九大报告强调要深入研究和推动保险业如何更好地服务绿色金融这一国家重大战略，大力推动绿色保险的发展，充分发挥保险在建设美丽中国中的独特功能和不可或缺的作用。2020 年新修订的《中华人民共和国固体废物污染环境防治法》意味着环境责任保险首次通过立法明确危险废物单位应当投保环境污染责任保险。

3. 生态环境损害赔偿制度

2015 年颁布的《生态环境损害赔偿制度改革试点方案》提出：2015 年至 2017 年，选择部分省份开展生态环境损害赔偿制度改革试点。2016 年在吉林、山东、江苏、湖南、重庆、贵州、云南 7 个省份开展生态环境损害赔偿制度改革试点工作。2018 年 1 月，全国试行生态环境损害赔偿制度，5—7 月，江西、贵州、北京、山东等地相继出台生态环境损害赔偿制度的改革实施方案。2018 年 12 月，中共中央办公厅、国务院办公厅印发了《生态环境损害赔偿制度改革方案》，明确了生态环境损害赔偿范围、责任主体、索赔主体、损害赔偿解决途径等，形成相应的鉴定评估管理和技术体系、资金保障和运行机制，逐步建立生态环境损害的修复和赔偿制度，加快推进生态文明建设。

（四）碳排放权交易相关政策

1. 地方试点

2011 年国家发展改革委发布《关于开展碳排放权交易试点工作的通知》，决定在北京市、天津市、上海市、重庆市、湖北省、广东省及深圳市开展碳排放权交易试点。2012 年,《温室气体自愿减排交易管理暂行办法》《温室气体自愿减排项目审定与核证指南》相继发布,对 CCER(中国核证自愿减排量)项目开发、交易、审定与和正机构的备案要求等进行了规定。2013 年被称为碳交易元年,同年年底,北京、天津、上海、广东和深圳五个省份先后启动了地方碳交易试点并产生了地方配额交易和价格。截至 2020 年年中,各试点省份相继开展了碳排放报告与核查工作,也陆续出台了 2019 年度的配额分配和履约政策,比如《广东省生态环境厅关于印发广东省 2019 年度碳排放配额分配始实施方案的通知》《北京市生态环境局关于做好 2020 年重点碳排放单位管理和碳排放交易试点工作的通知》等。

2. 全国市场建立的准备

2014 年的《碳排放权交易管理暂行办法》对全国统一碳排放权交易市场发展方向、组织架构设计等提出规范性要求。2015 年,《生态文明体制改革总体方案》指出深化碳排放权交易市场建设,逐步建立全国碳排放权交易市场。2016 年发布的《国家发改委办公厅关于切实做好全国碳排放权交易市场启动重点工作的通知》要求参与全国碳市场的 8 个行业对纳入企业历史碳排放进行核查,提出企业碳排放补充数据核算报告等。《关于构建绿色金融体系的指导意见》提出发展各类碳金融产品,促进建立全国统一的碳排放权交易市场和有国际影响力的碳定价中心,有序发展碳远期、碳掉期、碳期权、碳租赁、碳债券、碳资产证券化和碳基金等碳金融产品和衍生工具,探索研究碳排放权期货交易。

3. 全国市场的启动和发展

2017 年 12 月,国家发改委印发《全国碳排放权交易市场建设方案(发电行业)》,正式启动全国统一的碳排放权交易市场,为碳金融市场制度建设奠定良好基础。在 2020 年提出碳达峰与碳中和的目标以后,碳排放政策具体落实到碳排放权交易市场的建设和完善中。2020 年 12 月 29 日,生态环境部印发《碳排放权交易管理办法(试行)》《2019—2020 年全国碳排放权交易配额总量设定与分配实施方案(发电行业)》和《纳入 2019—2020 年全国碳排放权交易配额管理的重点排放单位名单》并做好发电行业配额预分配工作的通知,明确表示此通知是"为贯彻落实党中央、国务院有关决策部署,加快推进全国碳排放权交易市场建设",正式启动全国碳市场第一个履约周期。2021 年 2 月,生态环境部部长强调加强全国碳市场建设工作,确保 2021 年 6 月底前启动全国碳市场的线上交易。

4. 全国碳排放交易制度的完善

2021 年 1 月，生态环境部公布的《碳排放权交易管理办法（试行）》规定，全国碳排放权交易市场的交易产品为碳排放配额，生态环境部可以根据国家有关规定适时增加其他交易产品。而交易主体包括重点排放单位以及符合国家有关交易规则的机构和个人。交易方式上，碳排放权交易通过全国碳排放权交易系统进行，可以采取协议转让、单向竞价或者其他符合规定的方式。3 月，发布《碳排放权交易管理暂行条例（修改意见稿）》。5 月，为进一步规范全国碳排放权登记、交易、结算活动，保障全国碳排放权交易市场各参与方的合法权益，生态环境部根据《碳排放权交易管理办法（试行）》，组织制定了《碳排放权登记管理规则（试行）》《碳排放权交易管理规则（试行）》和《碳排放权结算管理规则（试行）》。明确全国碳排放权交易主体包括重点排放单位以及符合国家有关交易规则的机构和个人；碳排放配额交易以“每吨二氧化碳当量价格”为计价单位，买卖申报量的最小变动计量为 1 吨二氧化碳当量，申报价格的最小变动计量为 0.01 元人民币；注册登记机构应当选择符合条件的商业银行作为结算银行，并在结算银行开立交易结算资金专用账户，用于存放各交易主体的交易资金和相关款项；交易主体涉嫌重大违法违规，正在被司法机关、国家监察机关和生态环境部调查的，注册登记机构可以对其采取限制登记账户使用的措施，其中涉及交易活动的应当及时通知交易机构，经交易机构确认后采取相关限制措施。碳排放权登记、交易及结算规则出台，碳交易逐渐完成从试点区域向全国统一的过渡。

第二节　试点地区绿色金融政策体系的构建情况

自我国绿色金融顶层设计初步完善以来，2017 年绿色金融在全国各地的发展全面展开，绿色金融改革创新试验区成立。我国“自下而上”深入开展绿色金融改革创新基层实践，是全球唯一设立绿色金融改革创新试验区的国家。2017 年 6 月，国务院在浙江、江西、广东、贵州、新疆五省份部分地方建设各有侧重、各具特色的绿色金融改革创新试验区，推动经济绿色转型升级。随后中国人民银行、国家发展改革委等七部委联合印发了上述五省份中广东省广州市、贵州省贵安新区、江西省赣江新区、新疆维吾尔自治区哈密市、昌吉州和克拉玛依市、浙江省湖州市、衢州市共计八个绿色金融改革创新试验区的总体方案，明确了探索绿色金融改革的基本原则，以及在培育绿色金融组织体系、创新绿色金融产品和服务体系、拓宽绿色产业融资渠道、建设环境权益交易市场、构建绿色金融服务产业转型升级发展机制、建立绿色金融风险防范化解机制等方面的共同任务。总体方案发布后，各试验区积极响应，根据总体方案的部署细化任务清单，并从组织体系，金融、财政、环保等配套政策，绿色金融产品与服务等方面给出可操作性强的具体措施。

一、浙江的绿色金融政策

《地方绿色金融发展指标与评估报告（2020）》对各省份绿色金融发展指数评价的得分结果中，浙江省总体评价排名第 2 位，政策推动评价排名第 3 位。自浙江省湖州市、衢州市相继发布了绿色金融改革创新试验区建设实施方案和推进计划以来，湖州市非常积极地推动各项科学可行的绿色金融政策，推动试验区绿色金融创新迅速发展，浙江省也出台了各项绿色金融政策以推动整个浙江省的绿色金融发展。

（一）湖州市试验区主要绿色金融政策

2017 年 7 月湖州市出台了《湖州市国家绿色金融改革创新试验区的若干政策意见》（以下简称《政策意见》），提出每年安排绿色金融改革创新试验区建设专项资金 10 亿元全力增加绿色金融供给，且将奖励措施具体化；从产融结合、绿色企业上市、贴息和担保等政策精准服务实体经济发展；从绿色金融的激励引导、聚集平台、服务平台、风险防范和监管机制等来优化金融生态环境。2018 年 9 月出台《湖州市建设国家绿色金融改革创新试验区若干意见操作办法（试行）》（以下简称《操作办法（试行）》），将《政策意见》中提到的各项奖励和补助的对象、条件和标准、操作流程具体化，更好地落实绿色金融发展的支持政策，致力于解决绿色金融外部性的问题，是推动湖州绿色金融发展非常关键的政策。2017 年 7 月以来，湖州市着重完善绿色金融标准及认证和评价制度（见表 2-5），既为绿色金融发展明确了目标，也提供了框架，同时构建绿色金融中心并细化县域绿色金融发展指南，且形成较为完善的绿色金融政策信息披露平台，较好地落实了《政策意见》，推动湖州绿色金融试验区成为地方绿色金融创新发展的"湖州样本"。2021 年 5 月通过的《湖州市绿色金融促进条例（草案）》为绿色金融发展设立了地方性法规，包括总则、产品与服务、碳减排与碳金融、标准与数字化改革、激励与保障、监督与管理、法律责任和附则。其首次将碳减排与碳金融、环境高风险企业投保环境污染责任保险写入法律，着力推动减污降碳协同增效。

表 2-5 湖州市主要绿色金融政策

政策类型	时间	政策名称	主要内容
综合性绿色金融	2017	《湖州市"十三五"能源"双控"工作实施方案》《湖州市构建"生态+电力"助推生态文明建设实施方案》《湖州市质量提升三年行动计划（2017—2019 年）》	明确湖州市绿色转型的总体目标和实现路径，提出绿色金融政策和体系的构建是保障机制
	2017	《建设国家绿色金融改革创新试验区的若干政策意见》	《政策意见》及其《操作办法（试行）》提出并具体化绿色金融发展的各项措施和各项奖励政策
	2018	《湖州市建设国家绿色金融改革创新试验区若干意见操作办法（试行）》	
	2021	《湖州市绿色金融发展"十四五"规划》《湖州市绿色金融促进条例（草案）》	
绿色标准、认证和评价绿色认证绿色评价	2017	《关于印发绿色金融产品服务清单的通知》《湖州市绿色园区评价办法（试行）》	从绿色金融产品服务清单、绿色建材产品、绿色园区、绿色项目、绿色企业、绿色银行以及绿色金融专营机构等建立各项绿色标准、绿色认证系统、绿色金融标准体系、绿色发展指数评价规范，且建立线上评价系统，引导金融资源支持绿色企业、绿色项目的基础设施工程，是提升金融机构绿色金融能力建设的重要工具和载体，是推动绿色金融政策落地的重要保障
	2018	《绿色融资项目评价规范》《绿色融资企业评价规范》《绿色银行评价规范》《绿色金融专营机构建设规范》《关于开展绿色产品认证试点工作的实施意见》《关于加快推进绿色产品认证试点的九条意见（试行）》，上线全国首个地方性绿色融资企业（项目）认定评价 IT 系统	
	2019	《绿色制造标准体系编制指南》和《绿色金融标准体系编制指南》地方标准、《绿色金融发展指数评价规范》《区域绿色金融发展指数评价规范》，首发并上线绿色融资主体认定评价系统"绿信通"	
	2020	《关于开展绿色建材产品认证实施工作的通知》	
	2021	《关于印发湖州市中心城市金融行业生活垃圾分类考核评价办法（试行）的通知》	
绿色金融中心建设	2020	《加快推进南太湖绿色金融中心建设实施方案》	建设南太湖绿色金融中心

表2-5(续)

政策类型	时间	政策名称	主要内容
区、县域绿色金融政策	2017	《湖州市南浔区人民政府办公室关于贯彻落实湖州市建设国家绿色金融改革创新试验区的若干意见》《吴兴区加快绿色金融改革创新促进实体经济发展的若干意见》	推动南浔区、吴兴区、安吉县、德清县、长兴县等县域绿色金融创新发展，落实《若干意见》的政策要求
	2018	《安吉县推动绿色金融改革创新若干意见》《关于践行两山理念加快发展绿色金融支持中国最美县域建设的指导意见》《推动安吉县绿色金融产业集聚区建设实施意见》等	
	2019	《美丽县域建设指南》	包括支持绿色园区实施规范、绿色农业贷款实施规范、绿色普惠贷款实施要求

（二）衢州市试验区主要绿色金融政策

衢州市试验区的绿色金融改革政策推动得比湖州市要晚一些，其绿色金融政策比较集中，与湖州市的同类政策文件的内容基本相同。衢州市2017年11月发布《关于推进创新驱动加快绿色发展的若干政策意见（试行）》，12月发布了《衢州市"十三五"时期绿色金融专项发展规划》。2018年6月，衢州市人民政府出台《关于加快推进国家绿色金融改革创新试验区建设的若干政策意见（试行）》，2019年印发《衢州市绿色金融改革创新试验区建设若干政策意见（试行）实施细则》的通知。

（三）浙江省其他主要绿色金融政策

在湖州试验区绿色金融政策的主导下，浙江省的绿色金融政策逐渐趋于完善，包括绿色标准的建立、绿色认证以及绿色评价制度方面的综合性绿色金融政策。浙江省在省级层面还出台了一系列绿色金融政策（见表2-6），涉及金融支持经济绿色发展、金融支持高质量发展、金融支持碳达峰碳中和等方面，浙江省预全面打造绿色金融发展示范省。

表 2-6　浙江省其他主要绿色金融政策

时间	政策名称	主要内容
2020	《关于金融支持浙江经济绿色发展的实施意见》	总结推广绿色金融良好经验做法，强化金融与产业绿色化协同发展，支持银行保险机构先行先试，加快发展绿色金融业务，打造绿色金融浙江品牌
2021	宁波印发《关于推进绿色金融支持绿色发展的"18条"实施意见》	明确优先支持制造业绿色转型、绿色建筑发展、战略性新型产业等三大重点领域，完善配套支持政策，充分发挥金融机构优化资源配置、支持实体经济发展的功能
	《浙江省生态环境厅关于支持山区26县跨越式高质量发展生态环保专项政策意见》	加大支持发展绿色金融，引导合作银行围绕当地传统产业绿色改造和新动能培育，在绿色债券、绿色基金、绿色信贷、绿色PPP等产品服务创新以及绿色保险合作上先行先试
	《关于金融支持碳达峰碳中和的指导意见》	在全国率先出台金融支持碳达峰碳中和十个方面25项举措。明确绿色信贷和债券的资金目标，将建立信贷支持绿色低碳发展的正面清单，支持省级"零碳"试点单位和低碳工业园区的低碳项目，支持高碳企业低碳化转型
	《浙江银行业保险业支持"6+1"重点领域 助力碳达峰碳中和行动方案》	

二、广东的绿色金融政策

广东省通过强化统筹引导、强化政策激励、强化创新驱动、强化机制建设，有力推动了广东绿色金融改革创新纵深发展、持续走在全国前列，为广东经济实现绿色低碳发展提供了强有力支撑。《地方绿色金融发展指标与评估报告（2020）》对各省绿色金融发展指数评价的得分结果中，广东省的总体评价排第3位，其中政策推动评价排名第4位。除作为试验区的广州市以外，广东省在深圳市、肇庆市、清远市、东莞等各市积极开展绿色金融政策，以推动广东省的绿色金融发展。

（一）广州市试验区主要绿色金融政策

自2017年7月广州市建设绿色金融改革创新试验区以来，广州市不仅出台了综合性的绿色金融政策（见表2-7）推动绿色信贷、绿色债券、绿色保险和碳排放权交易的发展及激励制度的完善，还从绿色标准和认证、奖励措施以及绿色金融中心的建立等方面发展广州特色的绿色金融改革创新。

表 2-7　广东广州试验区主要绿色金融政策

政策类型	时间	政策名称	主要内容
综合性绿色金融政策	2017	《广东省广州市建设绿色金融改革创新试验区总体方案》	自 2017 年《总体方案》发布对广州市绿色金融发展提出具体要求以来，广州市相继发布了绿色金融改革创新的《实施细则》《实施意见》，落实绿色金融体系构建的各项指标和要求，以构建广州市绿色金融体系。且提出完善强化广州绿色金融产融对接系统、推动各区高标准建设绿色金融聚集区、发挥粤港澳大湾区绿色金融示范引领作用等特色措施来推动广州市绿色金融的发展和发挥辐射作用
	2018	《广东省广州市建设绿色金融改革创新试验区实施细则的通知》	
	2019	《关于促进广州绿色金融改革创新发展的实施意见》	
	2021	《广东省金融改革发展"十四五"规划》以绿色金融发展为重点	运用再贷款、再贴现等降低金融机构融资成本；研究制定《金融支持广东碳达峰碳中和指导意见》；为绿色金融发展提供了制度保障，加快完善绿色金融组织体系，支持金融机构设立专营机构
绿色标准和绿色认证	2018	《广州市绿色金融改革创新试验区绿色企业与项目库管理办法》	从企业合规性、业务方向、生产管理、污染防治、社会责任等方面提供了认定标准和办法，明确和完善了试验区绿色企业标准和绿色项目范围，指明了绿色发展方向。依托广州市绿色金融改革创新试验区融资对接系统（以下简称穗绿融系统）是对绿色企业和项目进行遴选、认定，并对符合标准的绿色企业和项目信息进行汇总形成的数据库，包括初审入库企业和项目以及进一步经第三方绿色评估机构进行绿色评估认定的企业和项目
	2019	《广东省广州市绿色金融改革创新试验区绿色企业和绿色项目认定管理办法》	
	2020	《广州市绿色金融改革创新试验区绿色企业与项目库管理实施细则（试行）》	
奖励措施	2020	《花都区支持绿色金融创新发展实施细则的通知》	明确了对金融机构及人员的具体奖励；明确了绿色信贷、绿色债券和绿色保险具体补贴，且对面向花都区企业开展绿色信贷、绿色债券等绿色金融业务的本区金融机构，按其损失金额的 20% 给予风险补偿

表2-7（续）

政策类型	时间	政策名称	主要内容
建立绿色金融创新中心	2021	《广州市关于推进共建粤港澳大湾区国际金融枢纽实施意见》《广州市关于推进共建粤港澳大湾区国际金融枢纽三年行动计划（2021—2023）》	建设大湾区绿色金融创新中心，依托广州市绿色金融改革创新试验区，建立完善粤港澳大湾区绿色金融合作机制，充分发挥粤港澳大湾区绿色金融联盟作用

（二）广东省其他市区主要绿色金融政策

2018年广东省出台了《深圳市关于构建绿色金融体系的实施意见》《肇庆市推动绿色今天创新发展十项行动计划（2018—2020）》《关于清远市绿色金融发展的实施意见》，2020年通过了《深圳经济特区绿色金融条例》，这是我国首部规范绿色金融法规，也是全球首部规范绿色金融的综合性法案，旨在推进深圳可持续金融中心建设，从制度与标准、产品与服务、投资评估、环境信息披露、监督与管理、法律责任六个方面为绿色金融发展提供了路径和制度保障。为了落实《深圳经济特区绿色金融条例》，引导金融机构自身加快绿色转型，更好地发挥金融助力实体经济绿色转型的作用，2021年发布了《加强深圳市银行业绿色金融专营体系建设的指导意见（试行）》，引导金融机构建立绿色金融专营体系，配备专人、专门信贷资源等，提升绿色金融服务质效。

三、江西的绿色金融政策

《地方绿色金融发展指标与评估报告（2020）》对各省绿色金融发展指数评价的得分结果中，江西省总体评价排名第4位，政策推动评价排名第2位。

（一）赣江新区绿色金融政策

2017年以来，赣江新区作为江西绿色金融发展的先导，出台了一系列的绿色金融政策（见表2-8），包括绿色金融综合性政策、绿色金融产品和服务政策、绿色金融配套政策三大体系。2019年发布的《绿色金融标准体系》包含"绿色企业认定评价办法""绿色项目认定评价办法"和"企业环境信息披露指引"三项办法，对于经评估认定的绿色企业、绿色项目予以一次性奖励、财政补助、信贷补贴等配套政策。

表 2-8　赣江新区主要绿色金融政策

政策类型	时间	政策名称	主要内容
绿色金融综合性政策	2017	《江西省赣江新区建设绿色金融改革创新试验区总体方案》《江西省"十三五"建设绿色金融体系规划》《关于加快绿色金融发展的实施意见》	提出绿色金融创新实验区和绿色金融体系规划的具体目标且分工到具体部门，通过《实施意见》《实施细则》将绿色金融发展的措施具体化，为了更好地落实政策，发布《重点工作》和《重点工作分表》来解决难点以推动绿色金融更好的发展
	2018	《赣江新区关于促进绿色金融发展的实施意见》《赣江新区建设绿色金融改革创新试验区实施细则》《赣江新区绿色金融改革创新试验区建设重点工作》	
	2020	《2020 年赣江新区绿色金融改革创新试验区建设重点工作分工表》	
绿色金融产品和服务	2017	《江西赣江新区绿色保险创新试验区建设方案》《赣江新区绿色分（支）行管理暂行办法》	一方面通过综合性文件对各项绿色金融产品和服务提出具体要求，另一方面出台了针对性的关于绿色银行以及绿色保险的具体提措施
	2018	《关于支持赣江新区绿色银行机构发展的意见》	
绿色金融配套制度	2017	《关于建立〈江西省赣江新区金融统计监测制度（试行）〉的通知》	绿色配套措施不仅体现在综合性绿色金融政策当中，还设立了专门的针对统计检测、货币政策、奖励措施、标准体系、评价认定、等方面的文件及中心来具体落实绿色金融发展的配套措施，为绿色金融的发展营造良好的制度环境，解决绿色金融外部性问题，更好地贯彻《总体方案》
	2018	《关于加强运用货币政策工具支持赣江新区建设绿色金融改革试验区的通知》；新四板绿色板块准入标准和挂牌业务指引，以及赣江新区环境污染责任险参保企业遴选标准	
	2019	《绿色金融标准体系》、赣江新区绿色金融服务中心、绿色保险产品创新中心和绿色金融评价认定中心"三中心"授牌仪式在赣江新区经开组团举行	
	2020	《绿色金融创新奖励（补助）暂行办法》	

（三）江西省其他主要绿色金融政策

江西省以赣州新区为主导，大力发展绿色金融，着力打造"江西样板"，推出了各项绿色金融政策（见表 2-9），不仅在省级宏观层面的各项政策当中强调绿色金融的发展，还出台了各项综合性绿色金融政策和专门的绿色金融服务、绿色金融配套制度，同时还非常注重绿色金融研究和绿色金融的宣传工作。

表 2-9　江西省其他主要绿色金融政策

政策类型	时间	政策名称	主要内容
省级宏观层面的政策	2018—2019	《江西省人民政府办公厅关于印发加快推进企业上市若干措施的通知》《关于印发〈关于进一步扩大我省直接融资规模助力经济发展的若干措施〉的通知》《江西省人民政府关于支持赣西转型升级推动高质量跨越式发展的若干意见》《江西省生态文明建设促进条例（草案）》	省级层面出台的各类通知、意见和条例都提出了构建绿色金融体系及相关措施，要求发展绿色金融来促进江西省绿色转型、高质量发展以及生态文明的建设
	2021	《江西省国民经济和社会发展第十四个五年规划和二〇三五年远景目标纲要》《关于深化落实习近平总书记视察江西重要讲话精神 奋力开启全面建设社会主义现代化新征程的意见》	高标准打造美丽中国"江西样板"大力推动绿色低碳循环发展，坚决落实碳达峰、碳中和要求，实施碳排放达峰行动。
绿色金融综合性政策	2017—2018	《江西省"十三五"建设绿色金融体系规划》《关于加快绿色金融发展的实施意见》《中国人民银行南昌中心支行关于绿色金融重点推进的试验任务》《关于做好2018年江西省绿色发展和绿色金融相关产业、企业、项目清单对接的通知》	在赣江新区绿色金融政策的基础上明确了全省绿色金融发展目标以及实现的路径，强调绿色金融服务实体经济的重要性
绿色金融服务及绿色金融配套制度	2017	《中国人民银行南昌中心支行绿色金融工作推进领导小组议事规则》《江西银监局关于印发绿色信贷工作考核评价及差别化监管暂行办法的通知》《江西省企业环境信用评价及信用管理暂行办法》、绿色企业信息平台（一期）"正式运行	为绿色金融发展的规范、绿色信贷的考核、监督和发展、环境信用评价和管理、绿色企业信息平台的构建、绿色金融标准化、绿色融资等绿色金融服务的发展及各项配套措施的实施提供了政策指引
	2018	《关于加快绿色金融标准化和制度化建设的建议》《关于发展绿色信贷推动生态文明建设的实施意见》	
	2020	《关于做好2020年江西省绿色项目融资对接工作的通知》	
	2021	《江西省发展改革委办公室关于印发境外发债典型经验做法（二期）的通知》	

表2-9(续)

政策类型	时间	政策名称	主要内容
绿色金融研究和宣传制度	2017—2021	搭建政银合作研究平台,成立江西省金融学会绿色金融专业委员会,广泛开展绿色金融政策宣讲和实务培训;印发《绿色金融三十问》;发布《绿色金融创新案例精选(2020)》;定期开展江西省绿色金融工作座谈会;定期编发《江西绿色金融改革创新工作简报》	通过各种方式提升各经济主体的绿色金融发展意识,总结和提炼绿色金融发展的成熟经验,为江西绿色金融发展推波助澜
其他市级绿色金融政策	2017—2019	《九江市绿色金融发展规划》《九江市绿色金融发展三年行动计划(2018—2020)》《萍乡市加快发展绿色金融的实施意见》《关于促进宜春市绿色金融和普惠金融发展指导意见》《九江市、宜春市"十三五"节能减排综合工作方案》《抚州市人民政府关于加快发展绿色金融的实施意见》	在九江市、萍乡市、宜春市和抚州市等地推广绿色金融的发展,借鉴赣州经验,通过重点发展绿色信贷来推动各市节能减排工作,助力打造"江西样板"

四、贵州和新疆的绿色金融政策

《地方绿色金融发展指标与评估报告(2020)》对各省绿色金融发展指数评价的得分结果中,贵州和新疆总体评价排名分别是第8和第10位,政策推动评价排名分别是第8和第7位。

(一)贵州绿色金融政策

在贵安新区设立国家绿色金融创新改革试验区以来,贵州省以贵安新区为主出台了一系列绿色金融发展和改革的政策举措(见表2-10)。

1. 贵安新区主要绿色金融政策

自2017年6月国务院批准贵安新区建设绿色金融改革创新试验区以来,贵安围绕"两端五体一库"的总体思路,以绿色金融改革创新发展推动供需两端结构性改革为总体要求,狠抓多层次绿色金融组织体系、多层级绿色金融政策支撑体系、具有贵州和贵安特色的绿色金融标准认证体系、多元化绿色金融产品创新和服务体系、完备的绿色金融风险防范体系建设,构建立足贵安、辐射全省的绿色金融项目库,深入推进"大数据+绿色产业+绿色金融"融合发展,创新推出一系列可复制、可推广的绿色金融典型案例,探索出符合金融规律、具有贵州特色、凸显贵安亮点的绿色金融改革创新发展新路径。

2. 贵州其他市区主要绿色金融政策

贵州省人民政府早在 2016 年 11 月出台了《关于加快绿色金融发展的实施意见》，明确提出推动本省绿色金融发展的具体要求和工作安排。2017 年 12 月以来，贵州省在绿色保险、绿色信贷、绿色金融工具转型以及绿色金融标准等方面完善绿色金融体系的构建。

表 2-10　贵州主要绿色金融政策

政策类型	时间	政策名称	主要内容
贵安新区绿色金融政策	2017	《贵州省贵安新区建设绿色金融改革创新试验区总体方案》《贵安新区建设绿色金融改革创新试验区任务清单》	提出了建立多层次绿色金融组织机构体系、加强绿色金融产品和服务方式创新等12 大项任务；构建绿色金融"五个体系"：绿色金融组织体系、绿色金融政策体系、绿色金融风控体系、绿色金融工具和产品设计体系、绿色金融标准认证体系并构建绿色金融项目库和绿色金融综合服务平台；分别从机构落户奖励、绿色金融人才奖励、绿色产业发展奖励、绿色上市奖励等方面明确了扶持奖励措施和标准
	2018	《贵安新区绿色金融改革创新实验区建设实施方案》《贵安新区绿色金融改革创新实验区建设实施方案》《绿色金融区域试点评估指标体系》	
	2019	贵安新区搭建了"绿色金融+大数据"绿色金融综合服务平台，实现了"绿色项目认证""绿色金融产品服务""财政支持激励政策""企业环境信息披露"的"四位一体"动态管理，以有效防控金融风险	
贵州省其他绿色金融政策	2017	《贵州省关于开展环境污染强制责任保险试点工作方案》	从环境污染强制责任保险、绿色信贷、金融工具绿色化转型等推动绿色金融产品的发展和创新，明确了绿色金融工具服务于企业服务于实体经济的绿色发展
	2018	《关于支持绿色信贷产品和抵质押品创新的指导意见》《关于推动传统金融工具绿色化转型的指导意见》《关于绿色金融助推林业改革发展的指导意见》	
	2019	《贵州省绿色金融项目标准及评估办法（试行）》	探索建立了绿色金融项目评估标准及程序，将绿色产业分为生态利用产业、绿色能源、清洁交通、建筑节能与绿色建筑等 7 个大类，并进一步细分为 30 个二级分类和 100 个三级分类

（二）新疆绿色金融政策

自 2017 年 6 月《新疆维吾尔自治区哈密市、昌吉州和克拉玛依市建设绿色金融改革创新试验区总体方案》发布以后，新疆于 7 月发布《构建绿色金融体系的实施意见》，目标是 2020 年初步建立与自治区经济绿色发展需求相适应的分层次、多样化绿色金融体系。随后 3 个试验区相继召开绿色金融改革创新试验区动员会及试验区建设动员会，其中昌吉州于 11 月发布了《自治州建设国家绿色金融改革创新试验区实施方案》。2017 年 12 月和 2018 年 2 月又相继发布了《吉木萨尔县建设绿色金融改革实施方案》和《伊犁州构建绿色金融体系的实施方案》。新疆及其试验区主要依据以上政策文件来构建绿色金融体系，将各类指标细化分工到具体部门，开展绿色标准建立等政策支持和绿色产品创新等资金支持来发展绿色金融。

在绿色标准认证方面，2018 年克拉玛依市建立全国首个绿色金融改革创新试验区绿色项目库，引入第三方评估机构并形成认定评价指标体系，有效降低政银企项目对接成本。在绿色金融产品及资金支持方面，2017 年 6 月印发《新疆维吾尔自治区环境污染强制责任保险试点工作实施方案》；2018 年相继印发《货币政策工具支持绿色金融改革创新试验区绿色经济发展实施细则（试行）》《新疆维吾尔自治区关于积极有效利用外资推动经济高质量发展的实施意见》《自治区关于深化能源领域基础设施投融资体制改革的指导意见》的通知以及 2020 年发布的《支持自治区工业绿色发展融资服务实施方案（2020—2022 年）》；在奖励机制方面，2019 年印发了《新疆维吾尔自治区环保专项资金激励措施实施办法（试行）》、2020 年印发了《关于奖励 2019 年生态环境质量明显改善地（州、市）的决定》。

2020 年至今，新疆绿色金融发展主要依据之前的政策文件做好落实工作，鲜少出台绿色金融相关的文件法规，主要从自治区宏观层面的文件中强调环境保护的重要性。主要出台了《自治区国民经济和社会发展计划及主要指标的通知》《新疆维吾尔自治区生态环境保护督察工作实施办法》《2021 年新疆维吾尔自治区生态环境保护执法大练兵实施方案》《新疆维吾尔自治区"三线一单"生态环境分区管控方案》《新疆维吾尔自治区国民经济和社会发展第十四个五年规划和 2035 年远景目标纲要》等文件。

第三章 我国绿色金融产品及市场的发展现状

自绿色金融发展约40年的时间里，我国绿色金融制度从顶层设计到地方试点，在绿色金融标准体系构建、信息披露要求和金融机构监管、激励约束机制等方面推动着绿色金融产品及其市场的快速发展。本章将从绿色信贷、绿色债券、绿色基金、绿色保险、碳交易等方面分析我国绿色金融产品及市场的发展现状。

第一节　绿色信贷的发展现状

一、我国商业银行践行绿色信贷的背景

我国商业银行开展绿色信贷，源于绿色金融政策的推动，在《赤道原则》和《负责任银行原则》的推动下发展起来，更是在《社会责任报告》和《金融机构环境信息披露标准》的推动下走向规范化。

（一）商业银行践行《赤道原则》

绿色信贷在国际银行业当中越来越重要，国际上最有影响的《赤道原则》和《伯尔第斯原则》是国际银行业开展绿色信贷实践的操作指南。"绿色信贷"则是中国绿色金融的核心，也是中国绿色金融中起步最早、规模最大、发展最成熟的部分，其影响也最为典型。《赤道原则》是一套国际先进的项目融资环境与社会风险管理工具和行业基准。2008年10月，兴业银行宣布遵循赤道原则，成为中国首家赤道银行。相继各银行或者践行赤道原则，或者自我建设绿色信贷政策，或者遵循文件政策等法律法规，积极创新绿色信贷业务，推动绿色信贷与行业政策的融合，将绿色信贷指标作为信贷管理的重要决策依

据，以推动我国产业逐步实现绿色转型与升级。2014 年 11 月 4 日，国家开发银行、中国进出口银行、中国工商银行、中国农业银行、中国银行、中国建设银行、交通银行等 29 家银行加入中国银行业协会绿色信贷业务专业委员会，签署了《中国银行业绿色信贷共同承诺》，这是我国绿色信贷不断发展壮大、逐步走向成熟的重要标志。近年来，采用《赤道原则》的金融机构日渐增多，截至 2020 年年底，江苏银行、湖州银行、重庆农村商业银行、绵阳市商业银行、贵州银行先后宣布采纳《赤道原则》，中资赤道银行扩容至六家。

（二）商业银行签署《负责任银行原则》

2019 年 9 月，联合国发布《负责任银行原则（principles for responsible banking，PRB）》，该原则为银行提供了将可持续发展作为业务核心的框架。通过签署 PRB，银行致力于将自身的业务战略和实践与可持续发展目标（SDGs）及《巴黎协定》所倡导的目标保持一致。截至 2021 年 3 月底，中国工商银行、兴业银行、华夏银行、九江银行、四川天府银行 5 家银行签署联合国《负责任银行原则》。

（三）社会责任报告和金融机构环境信息披露

2009 年 1 月发布了《中国银行业金融机构社会责任指引》以后，中国银行业协会首次公开发布《中国银行业社会责任报告（2009）》。2012 年制定出《中国银行业社会责任工作评价体系》。我国还颁布了相关法律文规对商业银行的社会责任内涵进行了划分，明确指出其所承担的社会责任至少包括三个方面：经济责任、社会责任与环境责任，关于环境责任又做出了具体的要求。2018 年中英环境金融机构信息披露试点机构共同确定"中英金融机构环境信息披露试点工作方案"。自愿加入这项试点的中方金融机构包括中国工商银行、兴业银行、江苏银行、湖州银行、华夏基金和易方达基金。中国工商银行作为中方试点牵头机构，先后组织中方试点金融机构开展了三次研讨，在深入分析国际环境信息披露时间的基础上，结合我国实际情况，制订了《中国金融机构环境信息披露试点工作方案》，并发布了三阶段行动计划①；研究构建了《中方金融机构环境信息披露目标框架》②，明确了建议披露的定性信息和定量指标；推动各试点单位依据行动计划和目标框架，开展各自的环境信息披露工作。2018 年 12 月，中国人民银行根据"急用先行"原则和基础条件完备程度，确定了第一批研制的绿色金融标准及实施方案，中国人民银行确定由中

---

① 见《2018 年中国绿色金融发展研究报告》第 8 章相关内容。
② 见《2018 年中国绿色金融发展研究报告》第 8 章相关内容。

国工商银行牵头兴业银行、广碳所共同参与编制《金融机构环境信息披露标准》（该项标准定位于金融行业推荐行标准）。2020 年 7 月，一大批试点金融机构陆续发布《2020 年环境信息披露报告》。2020 年 12 月，中国人民银行行长易纲在新加坡金融科技节上提出研究建立强制性金融机构环境信息披露制度。2021 年 2 月，中国人民银行总行下发《金融机构环境信息披露指南（试行）》。截至 2021 年 6 月末，五省九市绿色金融改革创新试验区内的商业银行绝大部分实现了环境信息披露。

二、我国商业银行绿色信贷的发展现状

我国绿色信贷在不断完善的体系下获得较好的发展。截至 2020 年年末，中国绿色贷款余额约 1.8 万亿美元，位居世界第一，绿色信贷资产质量整体良好。

（一）商业银行绿色信贷标准的建立

环境保护部环境与经济政策研究中心编制的《中国绿色信贷发展报告 2010》中提出了绿色信贷的内涵。绿色信贷是指利用信贷手段促进节能减排的一系列政策、制度安排及实践，通常包括三个核心内容：一是利用恰当的信贷政策和手段（包括贷款品种、期限、利率和额度等）支持环保和节能项目或企业；二是对违反环保和节能等相关法律法规的项目或企业采取停贷、缓贷甚至收回贷款等信贷处罚措施；三是贷款人运用信贷手段，引导和督促借款人防范环境风险，履行社会责任，并以此降低信贷风险。2013 年发布的《绿色信贷统计制度》明确了 12 类节能环保项目和服务的绿色信贷统计范畴，统一了绿色信贷的统计口径。2013 年，银监会印发《中国银监会办公厅关于报送绿色信贷统计表的通知》以及《关于报送绿色信贷统计表的通知》，并建立了绿色信贷统计制度，明确绿色信贷包括两大部分：一是支持节能环保、新能源、新能源汽车三大战略性新兴产业生产制造端的贷款；二是支持节能环保项目和服务的贷款。具体包括：①绿色农业开发项目；②绿色林业开发项目；③工业节能节水环保项目；④自然保护、生态修复及灾害防控项目；⑤资源循环利用项目；⑥垃圾处理及污染防治项目；⑦可再生能源及清洁能源项目；⑧农村及城市节水项目；⑨建筑节能及绿色建筑项目；⑩绿色交通运输项目；⑪节能环保服务项目；⑫采用国际惯例或国际标准的境外项目。统计和监测的指标主要包括信贷余额、资产质量以及贷款支持部分所形成的环境效益等。2015 年《能效信贷指引》明确红点服务领域包括工业节能，建筑节能，交通运输节能以及与节能项目、服务、技术和设备有关的其他重要领域四个方面。银行绿色信贷支持绿色项目的范围逐步扩大，从能效项目、新能源和可再生能源项目，扩大到污水处理、水域治理、二氧化硫减排、固体废弃物的处理和利用等领域。绿色信贷产品也逐渐丰富，除了传统的绿色信贷，银行推出了针对国际碳交易的碳金融产品（如碳资产质押贷款、碳保理、碳交易撮合服务、CDM 项目融资等），以及针对国内排污权的排污权抵押贷款等产品。

（二）我国商业银行绿色信贷的规模与占比

随着绿色信贷的发展，绿色信贷的统计口径也发生了一些变化，鉴于绿色信贷数据信息披露的不同，表 3-1 的数据需要进行说明。2011 年和 2012 年的绿色信贷余额为银行业的绿色信贷规模，而 2013—2020 年的绿色信贷为 21 家主要银行的绿色信贷规模，占比则为 21 家银行绿色信贷占 21 家银行贷款总额的比例。绿色信贷统计口径在 2013 年统一后，各银行披露的绿色信贷数据才是符合统计口径的标准数据。随后，中国银监会集中披露 2013 年 6 月末至 2017 年 6 月末国内 21 家主要银行绿色信贷的整体情况，因此，2017—2020 年的增长率和占比是整理数据。由表 3-1 所示，绿色信贷 2011—2020 年发展的十年，绿色信贷总规模已经翻倍，从 4.16 万亿元增加到了 11.6 万亿元，年平均增速为 17.9%，要高于银行业整体贷款增速，2019 年的增速超过了 20%。21 家主要银行绿色信贷占比都在 7% 以上，尽管相对 2015 年的 9.68%，占比有所减少，但是近 4 年的绿色信贷占比又呈现逐年增加的趋势。整体上来看，2013 年、2016 年和 2017 年尤其是 2017 年绿色信贷的表现不佳，其他年份绿色信贷都呈现向好的发展趋势（见图 3-1）。

表 3-1　2011—2020 年中国绿色信贷规模与占比情况①

年份	2011	2012	2013	2014	2015	2016	2017	2018	2019	2020
绿色信贷余额/万亿元	4.16	4.86	5.2	6.01	7.01	7.51	7.09	8.23	10.22	11.6
绿色信贷平均增长率/%	18.07	16.9	7	15.38	16.67	7.17	-0.83	16	21.5	13.5
占总贷款比例/%	7.6	7.7	8.7	9.33	9.68	8.83	7.25	7.64	8.59	8.76

---

① 数据来源于中国银行业社会责任报告、中国银保监会以及 21 家主要银行的年报。

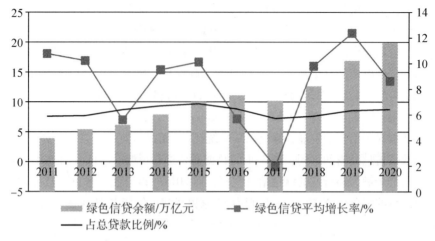

图 3-1　2011—2020 年 21 家银行绿色信贷规模

图例：
- 绿色信贷余额/万亿元
- 绿色信贷平均增长率/%
- 占总贷款比例/%

三、我国 5 家银行绿色信贷的规模和占比

从 21 家主要商业银行发放绿色信贷的情况来看，在发放规模上，国有商业银行具有绝对优势，在发放比例上，兴业银行具有绝对优势。另外，政策性银行当中国家开发银行是绿色信贷的发放主力。鉴于绿色信贷标准的统一，选取国家开发银行、中国工商银行、中国建设银行、中国农业银行以及兴业银行5 家银行 2013—2020 年的绿色信贷相关数据（见表 3-2）为代表对我国主要商业银行开展绿色信贷业务的情况进行分析。

（一）主要 5 家银行的绿色信贷规模

如图 3-2 所示，国家开发银行、中国工商银行、中国建设银行、中国农业银行以及兴业银行 5 家银行的绿色信贷余额占比从 2014 年开始达到了约 60%，到 2020 年超过了 77%。国家开发银行绿色信贷余额最多，所占比重最大（见图 3-3），绿色信贷余额在 2014 年突破了万亿元，绿色信贷占比也超过了20%，尽管信贷余额逐年在增加，但是占比呈现逐年下降的趋势。国家开发银行充分发挥政策性银行对绿色发展领域的支持，在绿色信贷的发展中发挥着排头兵的作用。兴业银行的增速是最快的，无论是在余额上还是在占比上，在2020 年实现了赶超国有商业银行，余额接近 2 万亿元，比重达到约 17%。其中国工商银行、中国建设银行和中国农业银行 3 家国有商业银行主要表现在规模上的优势，受到其本身银行资产规模的影响，绿色信贷规模和占比的变化相对平稳，2013 年和 2014 年之间的变化，尤其是中国农业银行主要受到统计口径的影响，其中中国工商银行和中国农业银行在 2020 年增速明显提高。

表 3-2 5 家银行的绿色信贷余额和占比①

年份	国家开发银行		中国工商银行		中国建设银行		中国农业银行		兴业银行	
	余额/亿元	占比/%	余额/亿元	占比/%	余额/亿元	占比/%	余额/亿元	占比/%	余额/亿元	占比/%
2013	8 935	17. 18	5 980	11. 50	4 884	9. 39	734	1. 41	1 781	3. 43
2014	1.44 万	23. 96	8 117	13. 51	4 871	8. 10	4 724	7. 86	2 960	4. 93
2015	15 742	22. 46	9 146	13. 05	7 336	10. 47	5 431	7. 75	3 942	5. 62
2016	15 716	20. 9	9 786	13. 03	8 892	11. 84	6 494	8. 65	4 944	6. 58
2017	16 423	23. 16	10 992	15. 50	10 025	14. 14	7 476	10. 54	6 808	9. 60
2018	19 012	23. 10	12 378	15. 04	10 423	12. 66	10 504	12. 76	8 449	10. 27
2019	21 437	20. 96	13 508	13. 22	11 758	11. 50	11 910	11. 65	10 109	9. 89
2020	23 417	20. 19	18 457	15. 91	13 427	11. 58	15 149	13. 06	19 242	16. 59

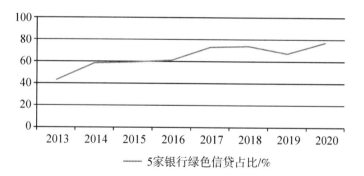

—— 5家银行绿色信贷占比/%

图 3-2 5 家银行 2013—2020 年绿色信贷余额占比

————————

① 数据来自各银行《社会责任报告》,占比为单个银行绿色信贷占 21 家主要银行绿色信贷总额的比例。

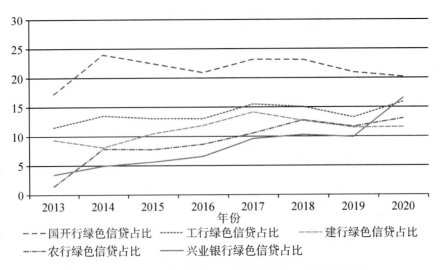

图 3-3　5 家银行绿色信贷占 21 家银行绿色信贷总额的比重

（二）主要 5 家银行绿色信贷的发放比例

如表 3-3 所示，国家开发银行和兴业银行的绿色信贷发放比例相对较高，要高于 21 家银行绿色信贷占比。尤其是兴业银行，从 2013 年的 13.12% 增加到 2020 年的 48.52%，2020 年发放的贷款当中一半都是绿色信贷。兴业银行是国内首家赤道银行，为我国商业银行绿色金融业务开启了先河，始终引领着国内商业银行的绿色金融业务的发展。国有商业银行绿色信贷发放比例从 2017 年开始基本与平均占比持平，可见国有商业银行在绿色信贷业务发展上对整体规模起着决定性的作用。国有银行绿色信贷的发展速度较为缓慢是影响我国绿色信贷发展速度的主要原因。

表 3-3　5 家银行绿色信贷占比情况① 　　　　　　　　单位:%

年份	平均占比	国家开发银行	工商银行	建设银行	农业银行	兴业银行
2013	8.70	12.49	6.03	5.69	1.00	13.12
2014	9.33	18.13	7.36	5.14	5.83	18.58
2015	9.68	17.09	7.66	6.99	6.29	22.85
2016	8.83	15.23	7.75	7.56	6.93	24.63
2017	7.25	14.88	7.72	7.79	6.97	28.01

① 数据由 2013—2020 年各银行社会责任报告和年报数据整理所得。

表3-3(续)

年份	平均占比	国家开发银行	工商银行	建设银行	农业银行	兴业银行
2018	7.64	16.28	8.03	7.97	8.79	28.79
2019	8.59	18.30	8.06	8.09	8.91	29.37
2020	8.76	18.53	9.91	8.27	9.99	48.52

第二节　绿色债券的发展现状

我国绿色债券起步较晚，2016 年 1 月，浦发银行和兴业银行发行首支绿色债券，填补了我国绿色债券的空白，标志着国内启动绿色债券，也由此拉开了绿色债券迅猛发展的帷幕。截至 2020 年年末，中国绿色债券存量 8 132 亿元，约 1 250 亿美元，规模居世界第二，尚无违约案例。本节将从绿色债券发展的背景、绿色债券的参与主体、绿色债券的种类和规模等来分析我国绿色债券的发展情况。

一、我国绿色债券发展的背景

2015 年 12 月 22 日，中国人民银行发布《绿色债券支持项目目录》，首次明确了绿色金融债的发行规范。随后，国家发改委、上海证券交易所、深圳证券交易所相继出台相关规范。2016 年 8 月 31 日，七部委发布《关于构建绿色金融体系的指导意见》，建立和完善了我国统一的绿色债券界定标准，并首次将绿色金融纳入"G20 峰会"议题。在绿色金融体系建设发展过程中，绿色债券已成为调动全球债券市场、满足绿色投资需要的有效工具。

（一）全球绿色债券的发展情况

1. 规模和特点

气候债券倡议组织（CBI）的报告显示，截至 2020 年年底，全球绿色债券的发行量达到 2 695 亿美元，略高于 2019 年的总额 2 665 亿美元；美国发行的绿色债券最多，总价值为 511 亿美元，其次是德国的 402 亿美元和法国的 321 亿美元。国外绿色债券项目投融资主要用于改善全球环境、应对气候变化、提高能源使用效率。国际上绿色债券主要发行国如美国、英国、德国，更多关注的是绿色债券如何应对气候变化。

2. 标准

两套较为全面、可靠的绿色债券国际规则，一是《绿色债券原则》（GBP），主要列数了绿色债券项目的行业类别范围，并为发行人在债券发行前后的行为标准提供了指引参考；二是《气候债券标准》（CBS），为绿色债券标的设计出从债券原则到行业标准细则再到具体操作流程的详细规程，引导发行人发行绿色债券。GBP 与 CBS 两套规则既有所差异，又互相补充。

3. 认证和评级

认证主要采用 GBP 的四种认证模式和气候债券倡议（CBI）的第三方认证，而 GBP 的四种认证模式的核心也是强化第三方机构的作用。因此，国外绿色债券的认证一般由专门的第三方机构依据外部绿色评估标准对其进行认证。CBI 的认证过程由三个部分组成，分别是发行前认证、发行后认证和定期认证。评级一般遵照 ESG 评级，即倡导在投资决策过程中充分考虑环境、社会和公司治理因素的投资理念，但专业的研究机构或评级公司独立于发行人的 ESG 评级，侧重于对发行的绿色债券进行全面评审，通过审核发行人的绿色债券框架、募集资金用途、项目评估流程、募集资金管理、出局年度报告的一致性，为其量身定制评级报告。另外，建立自愿性的环境标志以构建绿色认证制度来防止绿色债券的漂绿行为。

（二）我国绿色债券体系不断完善

1. 逐渐统一绿色标准

2015 年、2019 年、2021 年分别出台和修订了《绿色债券支持项目目录》，为进一步规范国内绿色债券市场，引导更多资金支持绿色产业和绿色项目、实现国内绿色债券支持范围与国际市场相关标准趋同提供重要保障。

2. 地方绿色债券落实激励措施

比如广东省对上市挂牌企业和上市挂牌后备企业发行绿色债券的，按其发行债券金额 1% 给予每年最高 100 万元的补贴；对在交易所市场、银行间市场、机构间私募产品报价与服务系统、广东股权交易所中心等市场平台新发行债券的金融机构、企业给予发行费用 10% 的一次性补贴，最高不超过 50 万元；对于认定为绿色债券的，给予发行费用 15% 的一次性补贴，最高不超过 100 万元；深圳市对绿色债券贴息 2%，对成功发行绿色债券的本市企业，按照发行规模的 2% 给予单个项目单个企业最高 50 万元的补贴。江苏省对于长江生态修复债券等绿色债券，按照年度实际支付利息的 30% 进行贴息，贴息持续时间为 2 年，单只债券每年最高贴息不超过 200 万元。

二、我国绿色债券的种类和规模

在绿色债券激励机制以及标准不断统一的制度的推动下，我国绿色债券近4年取了飞速发展。越来越多的金融机构、企业通过发行绿色债券来筹集资金进行绿色投资。

（一）绿色债券的总体规模

我国绿色债券余额从 2009 年的 2 936 亿元增长到 2016 年的 24 934 亿元，年均增长率为 35.74%。2016 年是中国贴标绿色债券①市场元年，绿色债券划分为贴标绿色债券和非贴标绿色债券。

1. 贴标绿色债券规模

2016 年中国债券市场上的贴标绿色债券发行规模达 2 052.31 亿元，包括了 33 个发行主体发行的金融债、企业债、公司债、中期票据、国际机构债和资产支持证券等各类债券 53 只。2017 年中国境内外发行贴标绿色债券共计 2 483.14 亿元，包括 76 个发行主体发行的各类债券 113 只。2018 年，中国境内外发行贴标绿色债券共计 2 675.93 亿元，发行数量共计 144 只。2019 年，中国发行人在境内外市场共发行 3 862 亿元人民币贴标绿色债券。2020 年，规模下降到 2 786.62 亿元②。中央结算公司和气候债券倡议组织联合发布的《中国绿色债券市场 2019 研究报告》显示，以贴标绿色债券的发行总量统计，中国、美国和法国的发行量再次领先全球。其中，中国贴标绿色债券发行总量在 2019 年位列全球第一。

2. 非贴标绿色债券③

中央财经大学绿色金融国际研究院的统计数据显示，我国每年的非贴标绿色债券发行量达到贴标绿色债券发行量的两倍以上，其中非贴标绿色债券主要投向清洁能源和清洁交通方面。2019 年，非贴标绿色债券发行量达 5 645.56 亿元，是贴标绿色债券的 2.31 倍。2020 年，非贴标绿色债券市场投向绿色产业的规模达 1.67 万亿元，同比增长近三倍。

---

① 贴标绿色债券是指资金用途被隔离并专用于气候或环境项目，并被发行人贴上"绿色"标签的债券。绿标债券（green labeled bonds），指那些经由独立的中介机构（second party）对投资项目或所涉及资产的绿色特性进行评估，并通过第三方如气候债券标准委员会（Climate Bond Standard Board）获得绿色债券资质认证的债券。

② 数据来自中央财经大学绿色金融国际研究院在 2021 年 2 月份发布的《中国绿色债券市场 2020 年度分析简报》。

③ 非贴标绿色债券指没有绿色贴标，但是实际募集资金投向绿色项目的债券。

（二）绿色债券的种类和期限

1. 种类

我国绿色债券市场中的绿色债券种类包括绿色金融债、绿色公司债、绿色企业债、绿色地方债、境内主体境外发行绿色债券和绿色熊猫债、绿色债务融资工具和绿色资产支持证券/票据。

（1）绿色金融债、绿色公司债、绿色企业债和绿色地方债的发行主体不同，分别是金融机构、公司和企业、地方政府。其中，绿色公司债和绿色企业债在定义、发行主体和期限、评级等方面都不同，绿色公司债券是指募集资金用于支持绿色产业的公司债券，其标准是中国人民银行发布的《绿色债券支持项目目录》；绿色企业债券是募集资金主要用于支持节能减排技术改造、绿色城镇化、能源清洁高效利用、新能源开发利用、循环经济发展、水资源节约和非常规水资源开发利用、污染防治、生态农林业、节能环保产业、低碳产业、生态文明先行示范实验、低碳试点示范等绿色循环低碳发展项目的企业债券，其界定标准是国家发改委发布的《绿色债券指引》。

（2）境内主体境外发行绿色债券和绿色熊猫债的发行币种不同，境内主体境外发行绿色债券是指境内发行人在境外发行以境外货币为面值的债券筹集外币资金，绿色熊猫债券是境外机构在中国发行的以人民币计价的债券。

（3）绿色债务融资工具是银行间市场交易商协会负责监管的，主要包括面向具有法人资格的非金融企业在银行间债券市场发行中期票据、短期融资券、项目收益票据等债务融资工具，募集资金用于环境改善、应对气候变化等绿色项目。

（4）绿色资产支持证券/票据（ABSs）是一种绿色债券，主要以绿色资产作抵押，是绿色债券市场的增长动力，主要归属三大类别：信贷资产支持证券、非金融企业资产支持票据及企业资产支持证券的绿色版本。

2. 期限

我国绿色债券的期限有 2 年、3 年、4 年、5 年、7 年、10 年、30 年等，其中期限为 3 年、5 年较多。刘传奇（2021）对 2016—2019 年我国境内绿色债券发行的期限进行分析后发现，我国绿色债券发行多选择中短期，发行的绿色债券的期限多为 10 年以下，其中期限为 5 年以内的发行量占总发行量的50% 以上，5 年以内（一般为 3 年）绿色债券发行量、只数占比分别为82.4%、54.88%；10 年以上绿色债券发行量、只数占比分别为 6.8%、7.63%。

（三）绿色债券的规模和结构

1. 境内绿色债券发行情况

如表 3-4 所示，2016—2019 年我国境内绿色债券主要有绿色金融债、绿色企业债、绿色公司债和绿色债务融资工具以及绿色资产支持证券。从规模上来看，绿色金融债占绝对优势，从数量上来看，绿色资产支持证券的只数是最多的。如表 3-5 所示，绿色金融债的规模占比平均超过了 50%，但 2019 年占比大幅降低，非绿色金融债券首次以绝对优势超过了绿色金融债券，其他类型的绿色债券规模都有明显的增加，尤其是绿色公司债规模占比达到了 27.25%；而绿色金融债券的数量占比较低，且逐年下降，2019 年占比仅 9.14%。绿色资产支持证券的数量平均占比接近 50%，2016—2019 年逐年增加，2019 年达到 52.2%；但其规模占比较低，除 2019 年超过了 17% 以外，其余三年均低于 8%。可见绿色资产支持证券的发行具备数量多但规模小的特征，而绿色金融债券的发行具备数量少但规模大的特征。而绿色债务融资工具无论是数量还是规模，占比都相对是最低的，均低于 10%。

2. 绿色熊猫债券和境外绿色债券的发行情况

依据中国金融信息网披露的绿色金融债券发行情况来看，截至 2019 年年底，绿色熊猫债券已发行 7 只，总规模为 74 亿元；境内主体发行的境外绿色债券的面值有美元、欧元、港元、日元和离岸人民币四种货币，其中以美元和欧元为主，分别为 200.5 亿美元和 75.5 亿欧元，少量港元和日元，离岸人民币的规模为 73 亿元。

表 3-4　2016—2019 年我国境内绿色债券发行的规模和数量①

年份	绿色金融债		绿色企业债		绿色公司债		绿色债务融资工具		绿色资产支持证券	
	数量/只	规模/亿元	数量/只	规模/亿元	数量/只	规模/亿元	数量/只	规模/亿元	数量/只	规模/亿元
2016	21	1 550	6	150.8	16	191.4	8	82	28	67.01
2017	44	1 234	22	316.6	27	257.15	13	119	67	146.05
2018	38	1 289.2	21	213.7	33	376.49	19	187.8	96	141.34
2019	31	833.5	39	479.6	65	805.77	27	328	177	509.55
合计	134	4 906.7	88	1 160.7	141	1 630.81	67	716.8	368	863.95

---

①　数据来源于中国金融信息网披露资料的统计和整理。

表 3-5　2016—2019 年我国境内绿色债券发行的结构①

年份	绿色金融债		绿色企业债		绿色公司债		绿色债务融资工具		绿色资产支持证券	
	规模	数量	规模	数量	规模	数量	规模	数量	规模	数量
2016	75.93	26.58	7.38	7.59	9.37	20.25	4.02	10.13	3.28	35.44
2017	59.53	24.43	15.27	12.72	12.41	15.61	5.74	7.51	7.04	38.72
2018	58.37	18.35	9.68	10.14	17.05	15.94	8.5	9.18	6.39	46.38
2019	28.19	9.14	16.22	11.5	27.25	19.17	11.09	7.96	17.24	52.21
合计	52.88	16.79	12.51	11.21	17.57	17.67	7.73	8.39	9.31	46.12

（四）绿色债券指数

2016 年 10 月以来，中央国债登记结算有限公司相继与中节能咨询、气候债券倡议组织和兴业银行联合开发绿色债券系列指数，包括中债-中国绿色债券指数、中债-中国绿色债券精选指数、中债-中国气候相关债券指数、中债-兴业绿色债券指数。2017 年 3 月，由深圳证券交易所下属公司深圳证券信息公司与中央财经大学绿色金融国际研究院联合推出首只在深圳证券交易所和卢森堡交易所两地同步发布行情的中国绿色债券指数——"中财-国证绿色债券指数"，为中国绿色债券提供新的市场标尺和投资工具，"中财-国证绿色债券系列指数"包括高等级绿色债券、高等级贴标绿债、高等级非贴标绿债等 9 条指数。6 月，上海证券交易所和中证指数有限公司发布上证绿色公司债指数、上证绿色债券指数和中证交易所绿色债券指数。截至 2021 年 8 月底，上市的绿色债券指数包括中证绿色债、交易所绿色债 AAA、交易所高等级绿色债、中证中财-苏农长三角 ESG 债券、沪深 300ESG 债券、沪深 300 ESG 信用债、碳中和债、上证绿色债、上证绿色公司债、上证绿色债 AAA、上证高等级绿色债、上证绿色企债共 12 只绿色债券指数。

三、我国绿色债券的参与主体

（一）我国绿色债券发行主体

绿色债券的发行主体包括金融机构、政府和企业等。

（1）金融机构。首先，依据中国金融信息网披露的绿色金融债券发行情况来看，目前主要由商业银行发行绿色金融债，而地方性商业银行以及农村商

---

① 数据来源于中国金融信息网披露资料的统计和整理。

业银行发行的绿色金融债的数量最多；而资产规模较大的国有银行、股份制银行发行的数量较少（见表3-6）。国有银行中只有交通银行在2017年发行了2只共300亿元规模的绿色金融债；股份制银行当中仅浦发银行、兴业银行发行了1800亿元的绿色金融债券。政策性银行中国家开发银行、中国进出口银行以及农业发展银行发行了7只总规模为450亿元发绿色金融债。可见，股份制商业银行发行的绿色金融债券的规模相对较大，9只债券约占全部绿色金融债券的40%。其次，商业银行是作为境内主体境外发行绿色债券的主要发行人，包括中国工商银行、中国银行、中国建设银行、中国农业银行、兴业银行、国家开发银行以及农业发展银行。可见，政策性银行不仅是绿色信贷的发放主力，在绿色债券方面也非常积极，而国有商业银行主要发行境外绿色债券，股份制银行中参与绿色债券发行的只有兴业银行和浦发银行，地方性商业银行和农村商业银行受到地方政策刺激，发行绿色债券的积极性较高，是发行数量最多的。

（2）企业单位。国有企业是发行绿色企业债和绿色公司债的主体。国有企业绿色债券的发行规模占据当年绿色债券发行规模的90%以上[1]。

（3）地方政府。江西省发行了三只总规模为3亿元、期限为30年的绿色地方政府债券。

表3-6　2016—2019年我国部分商业银行绿色金融债券的发行情况数据[2]

银行类型	只数	规模/亿元	发行银行及其发行数量和规模
政策性	7	450	进出口银行（2/30）农发行（2/170）国开行（3/250）
国有	2	300	交通银行（2/300）
股份制	9	1 800	浦发银行（3/500）兴业银行（6/1 300）

（二）我国绿色债券的发行场所

我国绿色债券的发行场所主要有上海证券交易所、深圳证券交易所、银行间市场和跨市场，还有少部分绿色债券在机构间私募产品报价与服务系统发行。中国境内贴标绿色债券大部分选择在银行间市场发行，交易所市场的发行量逐年增加。2019年，我国银行间市场、上海证券交易所绿色债券发行量占比分别为52.4%、29.5%[3]。

---

① 刘传奇. 我国绿色债券发展现状及国际比较 [J]. 青海金融，2021（1）：25-29.
② 数据来源于中国金融信息网。
③ 刘传奇. 我国绿色债券发展现状及国际比较 [J]. 青海金融，2021（1）：25-29.

（三）绿色债券评级和认证机构

我国绿色债券的评级和认证也是采用第三方机构进行评级和认证的。截至2019年年末，绿色债券的第三方评级和认证机构有：中节能咨询、中诚信、联合赤道、东方金诚、上海新世纪、北京中财绿融、安永、绿融（北京）、大公国际、中节能、中证鹏元、中债资信、联合等。其中绿色金融债均为第三方评级和认证的，绿色公司债超过80%为第三方评级和认证，而绿色企业债主要由第三方评级。现有第三方认证，大多为非贴标绿色债券。

第三节　其他绿色金融市场

我国的绿色金融市场逐渐从单一的绿色信贷发展到多样化的绿色债券、绿色基金、绿色保险和碳金融等产品。近两年绿色债券发展非常迅速，绿色基金也呈现巨大的市场爆发力，同时，绿色保险和碳金融市场也在不断推进。

一、我国绿色基金的发展现状

在绿色基金和绿色投资的政策推动下，2010年以来，我国绿色基金发展展现出巨大的市场爆发力，绿色基金的数量和规模尤其是绿色产业基金规模显著增长，国家和地方绿色发展基金不断涌现，各类绿色基金会的设立等践行绿色的投资推动节能环保的绿色经济转型。同时，在社会责任投资者、ESG投资原则的推动下，绿色基金成了国际金融合作的重要模式。

（一）绿色基金类型

我国现有的绿色基金的类型可根据价值取向划分为三大类，政策或功能型绿色基金、社会责任型及公益型绿色基金、市场化盈利型绿色基金。政策或功能型绿色基金是以实现政策意图或达到特定功能为目标的绿色基金，通常由政府或政府关联的国有企业发起，管理方通常也是国有基金管理机构。社会责任型及公益型绿色基金主要是由非营利性组织、社会民间机构、企业或个人发起成立的，以履行绿色社会责任以及实施公益为目的的绿色基金。市场化盈利型绿色基金是指以盈利为价值取向，采用市场化方式进行投资的绿色基金。这类基金是我国积极鼓励、大力发展的主要绿色基金类型。市场化盈利型绿色基金主要包括公募和私募。

（二）我国绿色基金的现状

1. 绿色产业基金

绿色产业发展基金是指对绿色环保领域未上市企业进行股权投资并提供经

营管理服务的基金。其投资于绿色环保产业的优势在于投资期限长、可以分散风险且更加关注未来的长期收益，可以为难以获得银行贷款的绿色创新型企业以及有大规模融资需求的大型绿色环保项目提供股权类融资。绿色产业发展基金是目前我国绿色发展领域大力倡导和努力推动的一种绿色融资方式。2014年后，我国绿色产业发展基金设立数量迅速增长，在基金业协会备案的绿色产业发展基金年度设立数量由 2014 年的 23 只增长至了 2017 年的 175 只，2018年年末增长至 267 只，2018 年全年在基金业协会备案设立的绿色产业发展基金为 92 只，仅为 2017 年设立数量的 52.6%①。根据基金业协会数据，截至2021 年 5 月底，已设立并备案的股权基金中，以绿色相关行业为主要投向的基金共 712 只，在私募股权投资基金与创业投资基金中占比约为 1.71%，据此估算，绿色股权基金规模约为 2 000 亿元。

2. ESG 公募基金的规模

中国最早的泛 ESG 公募基金于 2005 年推出。泛 ESG 公募基金在数量上从2015 年起经历了快速增长，仅 2015 年就相比前一年增加了 24 只，2020 年较前一年亦增长了 20 余只。《中国上市公司 ESG 评价体系研究报告》（以下简称《研究报告》）和《绿色投资指引（试行）》的发布开启了我国 ESG 投资实践新进程，对推动基金业承担社会责任、服务绿色发展有重要意义。《中国责任投资年度报告 2020》显示，截至 2020 年 10 月末，国内共有 13 家公募基金管理人签署联合国负责任投资原则（PRI），有 49 家基金公司发布了 127 只泛ESG 公募基金（其中：债券型基金 5 只，股票型基金 63 只，混合型基金 59只），规模约占市场所有股票型基金和混合型基金的 2.16%。涉及 ESG 理念的理财产品大量涌现，共有 10 家商业银行或理财公司推出 47 只泛 ESG 理财产品。

3. 私募基金的 ESG/绿色投资情况

《中国基金业 ESG 投资专题调查报告（2019）——股权版》显示，仅有11% 的私募基金管理人十分关注并开展了 ESG 相关实践，共计绿色基金产品23 只，规模合计约 726 亿元人民币，其中 24% 的机构表示没有应用过 ESG 或绿色投资策略。其中仅有 12% 的机构制定了 ESG/绿色信息披露标准，24% 的机构建立了 ESG/绿色投资定期报告机制。《中国基金业 ESG 投资专题调查报告（2019）——证券版》显示，有 16% 的机构十分关注并开展了 ESG/绿色投资相关实践，共发行 39 只 ESG/绿色投资基金产品，规模合计约 646 亿元人民

---

① 数据来源于基金业协会、兴业研究。

币，其中仅有15%制定了ESG/绿色信息披露标准，且均为私募证券基金管理人；23%的机构建立了ESG/绿色投资定期报告机制。

（三）绿色基金的设立和发展

1. 国家绿色发展基金

2018年6月，中共中央、国务院印发的《关于全面加强生态环境保护 坚决打好污染防治攻坚战的意见》提出"设立国家绿色发展基金"。2020年7月15日，国家绿色发展基金由财政部、生态环境部和上海市人民政府三方共同发起设立，首期规模885亿元（注册资本885亿元），由中央财政和长江经济带沿线的11个省市地方财政共同出资，同时也吸引社会资本参与，成立"国家绿色发展基金股份有限公司"①，以公司制形式参与市场化运作。国务院授权财政部履行国家出资人职责，财政部委托上海市承担绿色基金管理的具体事宜。国家绿色发展基金将实现"三个聚焦"：聚焦落实党中央、国务院确定的生态绿色环保中长期战略任务；聚焦引导社会资本投向大气、水、土壤、固体废物污染治理等外部性强的生态环境领域；聚焦推动形成绿色发展方式和生活方式，推动传统产业智能化、清洁化改造，加快发展节能环保产业，促进生态修复、国土空间绿化等绿色产业发展和经济高质量发展。

2021年6月，国家绿色发展基金股份有限公司（以下简称"基金公司"）牵头联合市场化投资机构共同出资设立了绿色发展基金私募股权投资管理（上海）有限公司（以下简称"管理公司"），管理公司作为基金公司的受托管理人，具体负责基金公司的投资运作。2021年7月，宝武碳中和股权投资基金合作备忘录，宝武碳中和股权投资基金是目前国内市场上规模最大的碳中和主题基金，总规模500亿元，首期100亿元。

2. 其他绿色基金的设立和发展

2016年以来，内蒙古、山西、河北、山东、四川等十几个地方已设立50多个由地方政府支持的绿色发展基金，PPP模式的基金成为政府支持绿色发展的主要形式之一。我国省级绿色基金和地市级绿色基金发展迅速，省级绿色基金中，浙江产业基金、广东环保基金、新疆绿色产业基金、贵州大数据基金和

---

① 国家绿色发展基金的股东包括财政部（100亿元，11.3%）、国家开发银行和中国工商银行等9家银行（国家开发银行、中国工商银行、中国农业银行、中国建设银行、中国银行、交通银行、浦发银行、上海银行、上海农村商业银行，合计出资575亿元）、长江经济带沿线11个省市（286亿元）、上海市国资委旗下的久事集团（40亿元，4.52%）和国盛集团（40亿元，4.52%）以及3家国有企业（国家能源投资集团、上海电气投资、中国节能环保）和1家民营建筑企业（龙元建设集团出资1亿元）。

绿色金融交易平台、山东省政府投资引导基金和节能投资引导基金、陕西省创业投资引导基金、重庆市环保产业股权投资基金、广西壮族自治区投资引导基金、江苏省环保产业基金、宁夏环保产业基金、甘肃省绿色生态产业发展政府引导基金管理有限公司等发展比较迅速。地市级绿色基金中，云南普洱市绿色经济发展基金、河北张家口市绿色发展产业基金、安徽新安江绿色发展基金、江西省丰城市循环产业发展基金等也积极开展绿色投融资工作。还有很多民间资本、国际组织等也纷纷参与设立绿色发展基金，比如公益型绿色基金会包括中国绿化基金会（China Green Foundation）、中国绿色发展基金、中国绿色碳汇基金会、中国生物多样性保护与绿色发展基金会等；比如中保投京杭大运河建设发展基金、中国绿色能源发展基金、青云创投推动绿色发展股权投资机构、中美绿色基金、绿色能源（上海）创新中心投资基金、绿丝路基金、通用绿色发展基金、绿民投产业链基金、中关村并购母基金、中国节能海盐绿色基金等运用市场化运作方式，在绿色投资中也取得了一定成果，有效地推动了绿色产业融资和绿色低碳城市发展。

二、我国绿色保险的发展现状

绿色保险业在我国还处于起步阶段，保险业对绿色理念和责任投资理念的认知和实践也还在初步阶段。在国家政策的支持下，越来越多的保险企业结合自身特点，创新环境保护机制，推广绿色保险，优化环境污染相关的责任保险产品，推动生产企业加强环境风险管理，对节能环保、新能源、高新技术等领域的产业发展提供有力支持。结合绿色保险的界定①和我国绿色保险制度，我国绿色保险的范畴主要包括两个方面：一方面是保险业践行绿色金融，包括自身的环保运营②和绿色投资，另一方面是保险业节能环保功能的绿色保险产品。

（一）保险业践行绿色投资

2020年10月，中国保险行业协会首次组织编写并发布行业社会责任报告——《2019年中国保险业社会责任报告》。报告显示，我国保险业通过树立

---

① 依据第一章的界定：绿色保险的功能是通过保险活动来支持环境改善、应对气候变化和资源节约高效利用，首先要求保险机构自身的绿色运营，其次要求保险机构承担环境社会责任，一方面通过险种设计激励和约束企业进行绿色投资、公众进行绿色消费，另一方面通过自身资产管理直接或间接地进行绿色投资。

② 环保运营是指保险业将低碳环保与可持续发展理念融入企业运营环节，各保险企业推进线上化运营体系的研发和应用，大力倡导无纸化办公和绿色采购，落实保险企业环境管理责任，主要包括自身的绿色办公、绿色运营、节能减排和绿色采购以及绿色公益。

责任投资理念并践行责任投资，积极完善保险资金投资制度，充分发挥保险资金优势，重点支持低碳经济、节能环保等领域的基建项目，促进实现经济效益、社会效益和环境效益的统一。截至 2019 年 9 月底，保险资金以债权投资计划形式进行绿色投资的总体注册规模余额达 8 390.1 亿元。国寿集团旗下国寿资产是我国保险业第一家联合国 PRI（负责任投资原则）签署会员，自觉践行 ESG（环境、社会和管治）投资理念，将气候变化与环境表现作为投资决策的核心考量因素之一，积极投资节能环保、清洁能源、清洁生产相关领域，2019 年新增绿色投资签约规模 306 亿元[①]。平安集团制定《平安集团责任投资政策》，将 ESG 及气候变化风险融入投资分析，形成适用于不同类型资产投资的七种责任投资策略。截至 2020 年 12 月末，平安集团的责任投资规模达 1.03 万亿元，其中绿色产品投资 1 032.76 亿元，占比约 10%。

（二）绿色保险产品及规模

1. 环境污染责任保险总体情况

2019 年 6 月 12 日，环境污染责任保险综合服务平台正式发布，根据环境污染责任保险综合服务平台截至 2021 年 8 月 23 日的数据，平台运行两年来，提供的环境风险保障金额超过了 300 亿元，年投保企业约为 20 000 家，已覆盖 30 个省（自治区、直辖市），参与评估机构达 220 家。银保监会信息显示，截至 2021 年 6 月底，环境污染责任保险已覆盖重金属、石化、医疗废弃物等 21 个高环境风险行业，地理范围覆盖到 31 个省份，为支持生态文明建设，助力实现碳达峰、碳中和目标做出了积极的贡献。

2. 保险企业的绿色保险产品情况

我国保险业开发出售的绿色保险产品有环境责任险、清洁能源险、巨灾险等，保险公司还积极探索开发新的绿色保险产品，比如环保技术装备保险、针对低碳环保类消费品的产品质量安全责任保险、船舶污染损害责任保险等绿色保险产品也在积极研发中，有的已经开始试点。同时，保险机构在承保绿色保险的同时，充分发挥风险管理专业优势，积极面向企业开展风险监测、风险评估，及时提示风险隐患，并向社会公众宣传和科普风险管理知识。根据保险业绿色保险发展和信息披露的情况，以中国人寿、中国平安和中国人民保险三家保险机构为例分析绿色产品的种类及规模情况，如表 3-7 所示。2019 年开始，保险机构无论是在绿色保险产品的种类上还是在规模上都有非常明显地增加。中国人民保险产品不仅包括环境责任保险、船舶污染险、森林保险等，还为绿

---

① 根据中国人寿披露的社会责任报告来看，仅 2019 年公布了绿色投资的具体数据。

色企业提供担保，为信贷增信。2020 年，中国平安环境类风险保障资金相对 2018 年增加了 19 倍。

表 3-7　3 家保险公司近三年绿色保险产品及规模[①]

保险公司	2018	2019	2020
中国人寿	环境责任险业务累计为 1 272 家企业提供风险保障 18.55 亿元；清洁能源险提供保险保障 2 249 亿元	环境责任险业务累计为 1 506 家企业提供风险保障 217 亿元；清洁能源险为 6 352 个相关项目提供保险保障 4 840 亿元	NA
中国平安	环境责任保险累计 3 261 笔，金额为 59.1 亿元	包括环境责任保险、巨灾险等环境类保险金额达到 135.86 亿元	包括环境责任保险、巨灾险等环境类保险金额达到 1 201.99 亿元
中国人民保险	环境污染责任为 6 648 家企业提供 122 亿元风险保障	公司环境污染责任险为 7 350 家企业提供 138.7 亿元风险保障；船舶污染类责任承保限额超过 4.6 万亿元；承保森林面积 11.6 亿亩；通过贷款保证险帮助绿色企业获得融资 2.64 亿元	风电设备产品质量保证保险提供风险保障 1 108 亿元；太阳能光伏组件长期质量与功率保证保险提供风险保障 120 亿元；环境污染责任险为 7 716 家企业提供 147 亿元风险保障

三、我国碳交易市场的发展现状

碳交易，全称"碳排放权交易"，指在一定范围（如全球、某国、某区域等）的基准排放水平或总量控制确定的前提下，减排主体将多余的排放配额或碳排放权进行交易的行为。"碳排放权交易"市场是由政府通过对能耗企业的控制排放而人为制造的市场。碳交易作为碳减排的市场化途径将有效促进碳排放的资源配置，以实现减排目标。碳交易是为减少二氧化碳排放、促进温室气体减排所提出的将二氧化碳排放权作为商品进行交易的市场机制，即鼓励减排成本低的企业超额减排，将富余的碳排放配额或减排信用通过交易的方式出售给减排成本高、无法达到碳排放要求的企业，从而帮助后者达到减排要求，

---

① 数据来源于各保险机构的社会责任报告和年报。

同时降低社会碳排放总成本。碳交易能够低成本、高效率地实现二氧化碳排放权的合理配置，达到总量控制并合理利用公共资源的最终目标。我国碳排放交易市场是一个由地方推向全国统一的发展过程，直到2021年7月16日，全国碳排放权交易在上海环境能源交易所正式启动，首日实现成交量410.40万吨，成交额逾2.1亿元，成交均价51.23元/吨。

（一）我国碳排放权交易市场的成交情况

北京市、天津市、上海市、重庆市、湖北省、广东省及深圳市7个碳排放权交易试点地区自2013年6月启动至2017年年底，配额成交约1.8亿吨二氧化碳，成交额约36.45亿元。2017年贵州省完成排污权交易37宗，交易金额1.06亿。2017年全国温室气体自愿减排量（CCER）累计成交5 107万吨，成交额2.22亿元。如表3-8所示，2014年至2020年碳交易市场成交量不是很稳定，2018年和2019年的成交量有所下降，截至2020年年底，7年来累计交易金额104.51亿元，交易量4.34亿吨，平均成交价格约为23.5元/吨。如表3-9所示，北京市、天津市、上海市、重庆市、湖北省、广东省及深圳市以及福建8地2013年年中到2021年年中8年的碳交易总量结构可以看到，湖北和广东的成交量和成交金额最大，两地成交量占比超过了60%，成交金额占比超过了50%。福建和重庆的成交量和成交金额相对较小，重庆的成交金额占比不足1%。

表 3-8　2014—2020 年我国碳交易市场成交量①

年份	2014	2015	2016	2017	2018	2019	2020
碳交易市场成交量/万吨	1 578.59	2 660.12	4 345.22	4 900.31	2 780.45	3 081.28	4 340.09

表 3-9　2013 年 6 月至 2021 年 6 月 8 地碳交易总量②

地区	成交总量/万吨	成交量占比/%	成交金额/万元	成交金额占比/%
广东	7 755.1	32.1	159 065.6	27.1
湖北	7 827.6	32.4	168 834.7	28.8
深圳	2 710.9	11.2	73 751.8	12.6

① 2021 年中国碳交易市场分析报告：行业发展现状与发展前景评估［EB/OL］.［2022-03-09］. https://www.sohu.com/a/483626577_730526.

② 数据来源于碳 K 线-碳行情分析平台［EB/OL］.［2022-03-09］. http://k.tanjiaoyi.com/.

表3-9(续)

地区	成交总量/万吨	成交量占比/%	成交金额/万元	成交金额占比/%
上海	1 739.7	7.2	51 842.5	8.8
北京	1 461.5	6.1	90 577.7	15.4
重庆	869.0	3.6	5 309.5	0.9
天津	920.1	3.8	20 103.6	3.4
福建	847.0	3.5	17 138.0	2.9

行业方面，全国碳市场启动建设初期，将石化、化工、建材、钢铁、有色、造纸、电力和民航八个行业逐步纳入市场交易。目前纳入碳市场管理的行业主要为电力行业，纳入的重点排放单位超过2 000家，只在发电行业重点排放单位之间开展配额现货交易。

（二）我国碳排放权交易市场的交易类型和产品

我国碳排放权交易市场主要有总量控制配额交易和项目减排量交易两种交易类型，也就形成了两类碳排放权交易产品，分别是碳排放配额（现货）和CCER。2015年之前中国碳市场还是一个单纯的配额市场，CCER作为低成本减排及履约的工具，并未发挥实质作用。CCER体系起步于2012年3月，2015年进入交易阶段，2017年国家发改委暂停CCER项目备案，存量的CCER交易仍在各大碳市场试点进行。

1. 碳排放配额交易

碳排放配额是指重点排放单位产生的温室气体排放限额，是政府分配的碳排放权凭证和载体，是参与碳排放权交易的单位和个人依法所得，主要可用于交易和控排企业温室气体排放量抵扣的指标。碳交易的主要标的物是1个单位配额代表持有的控排企业被允许向大气中排放 $1tCO_2e$[①]的温室气体的权利。碳排放配额交易属于强制交易。碳排放权用于清缴企业实际产生的碳排放量，剩余部分可交易或储备。从企业的角度来说，这个配额是管理企业排放的总量，对企业的生产经营会形成外部压力。

2. CCER

CCER，即国家核证自愿减排量，指对国家境内可再生能源、林业碳汇、甲烷利用等项目的温室气体减排效果进行量化核证，并在国家温室气体自愿减

[①] 二氧化碳当量（"CO_2e"，综合能源消费量约一万吨标准煤）作为度量温室效应的基本单位。

排交易注册登记系统中登记的温室气体减排量。CCER 主要涉及风电、光伏、生物质等可再生能源企业（水电、核电企业不参与），所涉企业可能并未纳入碳交易市场。但是通过开展减排项目，并经国家主管部门审批，可再生能源企业可以依靠项目取得一定的 CCER，并在碳交易市场上交易。国家核证自愿减排量 CCER 是企业通过技术改造实现减排，并获得国家专业认证，CCER 可用于抵消碳配额，也可用于交易，在一定程度上激发了企业内生减排的动力，使企业主动控制碳排放量。

碳交易市场纳入核证自愿减排量（CCER）抵消机制，可降低控排企业履约成本。为降低碳价、降低控排企业履约成本最终降低社会减排总成本，2012 年，国家发改委印发《温室气体自愿减排交易管理暂行办法》，纳入 CCER 抵消机制。碳市场按照 1∶1 的比例给予 CCER 替代碳排放配额，即 1 个 CCER 等同于 1 个配额，可以抵消 1 吨二氧化碳当量的排放。为鼓励各行业企业积极减排，CCER 抵消排放的使用比例存在上限规定，根据 2020 年 12 月发布的《碳排放权交易管理办法（试行）》的规定，重点排放单位每年可以使用国家核证自愿减排量抵销碳排放配额的清缴，抵消比例不得超过应清缴碳排放配额的 5%。

中国自愿减排交易信息平台显示，2020 年 4 月，主管部门公示审定的 CCER 项目累计达到 2 856 个，备案项目 1 047 个，合计备案减排量 5 283 万吨二氧化碳。2021 年 4 月广东湛江红树林造林项目通过核证碳标准开发和管理组织的评审，成功注册为我国首个符合核证碳标准（VCS）和气候社区生物多样性标准（CCB）的红树林碳汇项目，并成为我国开发的首个蓝碳交易项目。VCS 是全球最广泛的自愿性减排量认证标准，CCB 是对项目减缓、适应气候变化、促进社区可持续发展和生物多样性保护等多重效益的认证标准。

（三）我国碳排放权交易市场的交易主体和场所

碳排放权交易主体，初期为达到排放量的发电企业，后期适时增加符合交易规则的投资机构和个人。2020 年 12 月 29 日，生态环境部发布《2019—2020 年全国碳排放权交易配额总量设定与分配实施方案（发电行业［2］）》（国环规气候〔2020〕3 号），确定纳入 2019—2020 年全国碳交易市场配额管理的重点排放单位的标准，即发电行业（含其他行业自备电厂）2013—2019 年任一年排放达到 2.6 万吨 CO_2e 的企业，将被纳入全国碳交易市场。2020 年 10 月 20 日，生态环境部、国家发展和改革委员会、中国人民银行、中国银行保险监督管理委员会、中国证券监督管理委员会五部门联合发布《关于促进应对气候变化投融资的指导意见》（环气候〔2020〕57 号）。意见指出，要逐步扩大碳排放权交易主体范围，适时增加符合交易规则的投资机构和个人参与碳排放权交易。

碳排放权交易场所，初期为各地方试点，后期为全国集中统一交易与各试点地区交易并行。除上述 7 个试点地区以外，此后，各地方发改委也相继组建各地方碳排放交易所，包括四川联合环境交易所、贵州环境能源交易所等。但是，由于地方碳排放交易所在实践中尚无法进行碳排放权交易，该类交易所的业务多限于项目挂牌，再与全国试点地区的碳排放权交易所进行合作，为潜在投资者起到了桥梁沟通作用。

（四）碳排放权交易的监管

我国碳排放权交易的监管划分为国家、省级、市级三级，国务院生态环境部为国家主管部门，各省（自治区、直辖市）生态环境主管部门是省级主管部门，设区的市级生态环境主管部门是碳排放权交易的市级主管部门。

（五）其他交易产品

根据《国务院关于进一步促进资本市场健康发展的若干意见》，国家积极推动碳排放权等交易工具发展创新，以推进期货市场建设；根据中国人民银行、财政部等七部委联合印发的《关于构建绿色金融体系的指导意见》，国家支持发展各类碳金融产品，有序发展碳远期、碳掉期、碳期权、碳租赁、碳债券、碳资产证券化和碳基金等碳金融产品和衍生工具，探索研究碳排放权期货交易等。据北京环境交易所统计，碳金融产品已衍生十余种，包括碳指数、碳债权、配额质押贷款、引入境外投资者、碳基金、碳配额托管、绿色结构存款、碳交易市场集合资产管理计划、CCER 质押贷款、配额回购融资、碳资产抵押品标准化管理、碳配额场外掉期、碳资产质押授信等①。

---

① 梅德文. 碳金融面临历史发展机遇［J］. 中国金融家，2016（11）：43-45.

第四章 高质量发展指标体系的
构建与测度

第一节 高质量发展的概念界定与相关研究

一、高质量发展的概念界定

(一)高质量发展的内涵

高质量发展是党的十九大首次提出的新表述。大会提出"我国经济已由高速增长阶段转向高质量发展阶段"的重要论断,表明我国社会经济发展已经从外延式数量增长进入内涵式质量优先的新阶段。所谓高质量发展,就是中央经济工作会提出的按照"创新、协调、绿色、开放、共享"新发展新理念,能够很好满足人民日益增长的美好生活需要的发展。本书所讲的高质量发展的内涵既包括经济的高质量发展,又包括社会、民生、生态的高质量发展。

(二)高质量发展的特征

推动高质量发展是遵循经济发展规律和全面建成小康社会的必然要求,也是新时代社会主义道路的必然选择和必经之路。在理解高质量发展内涵的同时,也要注意其本身的特征。准确、全面地理解高质量发展的内涵特征,是建立科学、合理高质量发展指标体系的前提和关键。高质量发展的特征主要可以从以下四方面加以阐述:

1. 高质量发展具有必然性

中国特色社会主义进入新时代,就必然要推动高质量发展。要保持经济持续健康发展,适应我国社会主要矛盾变化和全面建设社会主义现代化国家的需要,就必须要推动高质量发展,这是遵循经济发展规律、引领新常态的必然要求。同时,推动高质量发展也是我国实现"两个一百年"奋斗目标的需要。

2. 高质量发展具有动态性

高质量发展既是一种发展过程，也是一种动态过程。高质量发展是随着社会需要根据细节的深入、认识的升华，而不断地完善和更新的。高质量发展的动态性要求我们在推动高质量发展过程中，对机制体制、社会主要矛盾、国内外市场环境等方面进行综合的预测分析，及时调整对应的思路和措施。同时还要注意，我国正处在经济结构调整的阵痛期，进一步发展还面临着许多的困难和阻碍，推动高质量发展就必须立足国情、掌握规律、系统设计、统筹推进。

3. 高质量发展具有综合性

高质量发展具有综合性。从其内涵来看，高质量发展涉及经济、社会、民生、生态等多方面的协调发展。高质量发展是一个全方面变化的过程，各个方面的高质量发展既是前提也是结果。在发展过程中，供给和需求、投入和产出、微观和宏观各方面等都发生了系统变化。还需要看到的是，高质量发展是一个螺旋式上升过程，既是量转向质的提升的客观规律，也是政策发力攻坚克难、主动作为的结果。高质量发展的综合性要求我们，必须要以新发展理念为引领，把创新、协调、绿色、开放、共享发展理念贯彻落实到高质量发展的各个阶段。

4. 高质量发展具有长期性

推动高质量发展是一场耐力赛，涉及各个方面的发展，需要我们脚踏实地，发扬钉钉子的精神，一步一个台阶地推进，短期内是不可能一蹴而就的。面对各类风险挑战，要坚持底线思维，做最坏的打算和最充分的准备，牢牢守住不发生系统性风险的底线，有序排除风险隐患，有效应对外部不确定性冲击，为高质量发展创造有利条件。

二、高质量发展相关研究

（一）国外相关研究

高质量发展是一个中国式概念，国际上对高质量发展没有明确的定义，所以国外学者对高质量发展的研究主要聚焦在经济发展质量的内涵和机理上。虽然每个国家的社会制度和基本国情不一样，但是基于人类社会发展的基本规律和必然趋势，各个国家之间还是具有一些共同的发展理念的。所以，本章主要解读具有同类评价指标体系的一些相关文献，为构建高质量发展评价指标体系提供参考。

温诺·托马斯（2001）认为经济增长质量是在保持增速的同时，更加关注机会分配和风险管理等因素。Barro（2002）从收入公平、预期寿命及政治制度等方面，探讨经济发展的质量。美国信息技术与创新基金会（2007）围绕知识型就业、全球化、经济活力、数字经济和创新能力五项一级指标测度美国各州新经济指数。2010 年德国联邦环境、自然保护与核安全部联合发布了国家福利指数（national welfare index，NWI），NWI 特别关注 GDP 度量的缺失面，选取包含福利增加、贫富差距、环境损害、消费支出、福利降低、国家实力六类共 21 项指标。GURRÍA A（2011）提出可持续发展的战略设想，构建经济繁荣、有效资源监管、充分保护环境、社会和谐的美好前景。Mlachila 等（2014）首先提出了一种新的发展中国家增长质量指数（QGI），然后解释高质量增长本质就是增长率更高、更持久的社会友好型增长。同时部分发达国家较早地重视民生、可持续和生态发展，注重技术创新、新经济发展和环境保护，这些也正是我国高质量发展所寻求的方面。新西兰统计局（2015）从经济机遇、生活环境、自然资产、环境生产率和政策回应五个维度构建"绿色增长"评价指标体系。Robert D 等（2017）提出了国家新经济指数，通过研究 50 个国家经济体的结构在一定程度上符合创新驱动型新经济的理想结构，得出该指数可以用来衡量一个国家经济的全球一体化程度。

（二）国内相关研究

1. 高质量发展的内涵

目前，高质量发展的研究尚处在起步阶段，所以关于高质量发展的内涵并没有一个明确的定义。总体来看，国内关于高质量发展的内涵一般有三种理解。

一是从"新发展理念"的角度理解。盛世豪（2019）认为高质量发展是体现新发展理念的发展，凸显高质量发展导向，就是要坚持循序渐进，更好地满足人民群众多样化、多层次、多方面的需求。王永昌等（2019）认为高质量发展就是按照创新、协调、绿色、开放、共享新发展新理念，能够很好满足人民日益增长的美好生活需要，生产要素低投入、资源配置高效率、资源环境低成本、经济社会高效益的可持续发展。刘飞等（2021）从创新、协调、绿色、开放、共享、发展六个准则层构建了湖北省高质量发展综合评价指标体系。

二是从经济高质量发展的角度理解。林兆木（2018）认为高质量发展是商品和服务质量不断提高，投入产出效率和经济效益持续增长，创新成为第一动力，绿色成为普遍形态，经济重大关系协调、循环、顺畅，坚持深化改革开放及共享成为根本目的发展。金碚（2018）认为高质量发展的经济本质特征是以追求一定经济质态条件下的更高质量目标为动机，系统地创造发展优势，走符合实际和具有特色的道路，以各种有效和可持续的形式满足人民不断增长的多方面需要。张侠等（2021）提出从经济动力、效率创新、绿色发展、美好生活与和谐社会五个方面构建经济高质量发展指标体系。

三是从微观、宏观的要求的角度理解。王一鸣（2018）认为，可以从微观、中观、宏观三个层面衡量发展质量，具体来看，微观重视产品和服务质量、中观强调产业和区域发展质量、宏观看重国民经济整体质量和效益。汪同三（2018）认为，微观层次的高质量发展是确保产品和服务满足消费者的质量需求；宏观层次的高质量发展，主要是从贯彻落实新发展理念、提高总体经济的投入产出效益、增强对各类经济风险的预判、识别和增强应对重大突发事件的能力四个方面来说明。邹颖（2020）认为高质量发展在微观上是产品质量的发展，中观上是产业和区域质量的发展，宏观上是国民经济质量、民生质量、生态环境质量的发展。

2. 高质量发展指标体系

国内学者虽然都认识到建立高质量发展评价指标体系的必要性，但由于对高质量发展内涵的理解不同，仍缺乏构建高质量发展评价指标体系一致的准则。殷醒民（2018）认为高质量发展评价指标体系应从全要素生产率、科技创新能力、人力资源质量、金融体系效率、市场配置资源机制五个维度来构建。朱启贵（2018）从动力变革、产业升级、结构优化、质量变革、效率变革、民生发展六个方面建立了推动我国高质量发展的指标体系。任保平等（2018）认为高质量发展的评判体系包括高质量发展的指标体系、政策体系、标准体系、统计体系、绩效评价体系、政绩考核体系。李金昌等（2019）从经济活力、创新效率、绿色发展、人民生活、社会和谐五个部分共 27 项指标构建了我国高质量发展评价指标体系。张震等（2019）从经济发展动力、新型产业结构、交通信息基础设施、经济发展开放性、经济发展协调性、绿色发展、经济发展共享性七个维度构建了副省级城市经济高质量发展评价指标体系。朱卫东等（2019）从创新、协调、绿色、开放、共享、效率、质量、结构、安全、可持续十个维度出发，构建包含 137 个细分项目的高质量发展指标体系。许永兵等（2019）从创新驱动、结构优化、经济稳定、经济活力、民生改善、生态友好五个方面共 24 个指标建立了高质量发展指标体系。徐银良等（2020）从经济、创新、协调、绿色、共享、保障等方面设计高质量发展评价准则，共六个准则层、25 个次准则层。

3. 高质量发展测度与评价

国内学者较多采用综合指数法、层次分析法（AHP）、熵值法、因子分析、TOPSIS 等方法对高质量发展水平进行测度，其中，AHP 的应用最为普遍。

刘晓涛（2018）应用区位商、产量比较优势指数、规模比较优势指数、综合比较优势指数、增加值率等经济指标综合评价永登县农业经济质量。苏永伟等（2019）基于分项指数和综合指数对全国 31 个省份的高质量发展实现程度进行分类，分析表明全国各地区的高质量发展实现程度均不高，多数介于40%～50%。寇欢欢（2019）运用综合指数法对湖北省 2009—2017 年的工业经济高质量发展进行评价，结果发现综合指数并非逐年上升。李梦欣等（2019）以 AHP 初步识别与 BP 神经网络模拟优化的集成方法评价新时代中国高质量发展的状态和特征，评价结果显示我国高质量发展呈现持续性稳定增长趋势。马茹等（2019）通过线性加权法测算经济高质量发展指数，发现中国经济高质量发展存在明显的区域非均衡态势，大致呈现东部、中部和东北部、西部依次递减态势。孟祥兰等（2019）采用加权因子分析法对湖北省 16 个地市高质量发展水平进行综合评价，揭示了该地区区域发展不平衡的问题。罗良文等（2019）采用静态集聚系数、动态集聚系数和产业梯度系数等研究方法，对长江经济带 11 个省市 34 个工业行业的转移和集聚状况进行计算，比较长江经济带各省市的工业高质量发展现状。周程明（2021）综合运用熵权法和 TOPSIS法对广东省 21 个城市旅游高质量发展水平进行测度，发现广东省城市旅游高质量发展评价中排在前三位的分指标依次为创新性、开放性、共享性，且开放质量和创新质量要素是提升旅游高质量发展的关键因素。潘桔等（2021）运用 TOPSIS 分析方法对我国各省及五区域 2013—2017 年高质量发展水平进行测度与分析，利用核密度和泰尔指数对高质量发展水平及差异特征进行测算与分解，发现东部地区高质量发展水平高，中部地区增速最快，西北和东北地区处于中等水平，存在极化现象，西南地区发展水平较低。韩永辉等（2021）运用 GPCA 模型和 K-均值聚类方法发现 2000—2017 年中国东部地区、中部地区、西部地区各省份高质量发展水平均有所提升，但存在"东部地区—中部地区—西部地区"依次梯度递减态势。

（三）文献评述

对于高质量发展内涵、指标体系、测度与评价的研究，国内外学者进行了不同角度的研究与探讨，丰硕的研究成果为本章的研究奠定了良好的基础。为了更全面地了解和推动我国高质量发展，本章将基于新发展理念构建指标体系，运用层次分析法（AHP）和综合评价法对我国高质量发展水平进行测度和分析。

第二节　高质量发展指标体系的构建

一、指标体系设计框架

"创新、协调、绿色、开放、共享"的新发展理念是构建高质量发展的指导思想和评价准则。根据高质量发展的内涵和特征，本章构建了高质量发展指标体系，其中包括经济系统、创新系统、协调系统、绿色系统、开放系统和共享系统六大板块，如图4-1所示。其中，"经济"是高质量发展的关键基础，经济持续稳定增长是人民生活水平提高的重要保障；"创新"是提高经济社会高质量发展的核心动力，体现了"发展"的内涵；"协调"强调城镇与乡村的协调、产业发展的协调、区域发展的协调，是经济社会稳定健康发展的内在要求；"绿色"是衡量经济社会高质量发展的新标尺，体现了高质量发展的生态环境可持续性发展；"开放"是提升经济社会发展质量的必由之路；"共享"是经济社会发展的本质属性。绿色、开放和共享发展理念突出发展的质量、形式与公平，体现了高质量发展的内涵，在目标上强调"经济–社会–环境复杂系统"整体效应最优化，同高质量发展目标也具有一致性。

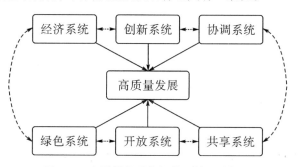

图4-1　高质量发展指标体系的设计框架

二、指标体系设计原则

（一）科学性原则

指标体系的设计及评价指标的选择必须以科学性为原则，必须从高质量发展的概念出发，同时注意高质量发展的内涵特征，科学地选取反映经济、民生、生态等多方面的指标，使得选取的指标不仅要包含充分的信息，而且要与对应的维度一致，能够真实客观地反映高质量发展各方面的特点和状态，深化对问题的认识。

（二）系统性原则

高质量发展是一个复杂的概念，其本身涉及的内容面非常广，构建评价指标体系实质上是将繁杂的事物进行抽象化的过程。因此要科学合理地设计各个层次的指标，既要让评价指标体系能够从整体上囊括高质量发展的各方面，又要让各层次不交叉覆盖，同时还要让各层次内部的各个指标之间具备一定的逻辑关系，在尽量全面的同时最大限度地减少冗余。高质量发展指标体系要系统地、多角度地反映中国经济、社会、民生、生态等领域的发展情况。

（三）简明性原则

高质量发展涉及的领域众多，但只需选取核心、关键、有代表性的指标。重点工作和关键环节的指标，力求简明易懂，每个主要环节和领域选取一两个核心指标，使二三级指标对相关工作的引导和协助起促进作用。

（四）可操作性原则

指标选取要充分考虑所需的数据是否能获得，应尽量采用现行的统计数据指标，使指标易获得，并具量化、对比性。也就是说，我们在选取指标时，既要考虑到数据的可获取性和可靠性，同时也要保证数据的指标含义、统计口径、计算方法一致，从而保证数据间的可比性，这样才能有效地减少指标数据带来的误差问题。

三、指标体系内容

基于上述高质量发展指标体系的设计框架和原则，分别从经济、创新、协调、绿色、开放、共享等方面设计评价准则，共六个准则层、19个次准则层，具体如表4-1所示。

表4-1 高质量发展指标体系评价准则

目标层Ⅰ	准则层Ⅱ	次准则层Ⅲ
高质量发展指标体系	经济系统	经济规模
		产业结构
		经济效率
	创新系统	创新资源
		创新产出
		创新绩效
		创新环境

表4-1(续)

目标层 I	准则层 II	次准则层 III
高质量发展指标体系	协调系统	城乡协调
		产业协调
		区域协调
	绿色系统	环境治理
		环境质量
		绿色生活
		农地保护
	开放系统	对外开放
		国际交流
	共享系统	社会保障
		公共服务
		基础设施

（一）经济系统

经济系统考核指标主要从经济规模、产业结构、经济效率三个层面构建。经济规模选取的指标有人均 GDP、GDP 增长率；产业结构主要选取了第三产业增加值占 GDP 比重，以反映产业升级状况；经济效率具体衡量指标有全员劳动生产率、资本生产率。具体见表 4-2。

表 4-2　经济系统考核指标体系

次准则层	指标层	单位	性质
经济规模	人均 GDP	元/人	正向
	GDP 增长率	%	正向
产业结构	第三产业增加值占 GDP 的比重	%	正向
经济效率	全员劳动生产率	元/人	正向
	资本生产率	元/万元	正向

（二）创新系统

高质量发展的根本在于创新驱动发展，提高全要素生产率和劳动生产率。创新系统考核指标从创新资源、创新产出、创新绩效、创新环境四个方面构建。创新资源主要选取 R&D 经费支出占 GDP 比重、万人 R&D 人员全时当量、规模以上工业企业 R&D 经费占主营业务收入比重、规模以上工业企业 R&D 人员数四个指标考核政府对创新投入的力度。创新产出选取了发明专利数申请数、技术合同实现交易额。创新绩效选取新产品销售收入占主营业务收入比重和高技术产业增加值占工业增加值的比重来衡量。创新活动是在一定的环境中进行的，具体环境指标有 R&D 经费支出占财政支出比重、R&D 机构数量。具体见表4-3。

表4-3　创新系统考核指标体系

次准则层	指标层	单位	性质
创新资源	R&D 经费支出占 GDP 比重	%	正向
	万人 R&D 人员全时当量	人年/万人	正向
	规模以上工业企业 R&D 经费占主营业务收入比重	%	正向
	规模以上工业企业 R&D 人员数	万人	正向
创新产出	发明专利数申请数	件	正向
	技术合同实现交易额	亿元	正向
创新绩效	新产品销售收入占主营业务收入比重	%	正向
	高新技术产业产值占工业产值比重	%	正向
创新环境	R&D 经费支出占地方财政支出比重	%	正向
	R&D 机构数量	个	正向

（三）协调系统

解决发展不平衡的问题，重点是促进城乡区域协调发展和促进经济社会协调发展，因此协调系统主要从城乡协调、产业协调、区域协调三个方面考核，城乡协调选取城镇化率、城乡居民收入比、城乡居民恩格尔系数比三个具体指标（见表4-4）。产业协调选取三次产业的产业结构与就业结构偏离度作为具体指标，反映劳动力生产率协调程度。区域协调选取基尼系数反映区域经济协调发展水平。

表 4-4　协调系统考核指标体系

次准则层	指标层	单位	性质
城乡协调	城镇化率	%	正向
	城乡居民收入比	-	负向
	城乡居民恩格尔系数比	-	正向
产业协调	第一产业结构与就业结构偏离度	-	负向
	第二产业结构与就业结构偏离度	-	正向
	第三结构与就业结构偏离度	-	正向
区域协调	基尼系数	%	负向

（四）绿色系统

绿色发展需要解决的是人与自然和谐相处的问题，重点是坚持节约资源和保护环境，坚持可持续发展；绿色系统考核主要从环境治理、环境质量、绿色生活和农地保护四个方面考虑。环境治理主要包括污水处理率、工业固体废物综合利用率；环境质量选取环境污染治理投资与 GDP 之比、万元 GDP 二氧化碳排放量、万元 GDP 耗电量三个具体指标；绿色生活主要包括建成区绿化覆盖率、万人拥有公交车辆、生活垃圾无害化处理率三个具体指标；农地保护用单位耕地灌溉面积农用化肥施用量反映（见表 4-5）。

表 4-5　绿色系统考核指标体系

次准则层	指标层	单位	性质
环境治理	污水处理率	%	正向
	工业固体废物综合利用率	%	正向
环境质量	环境污染治理投资与 GDP 之比	%	正向
	万元 GDP 二氧化硫排放量	吨	负向
	万元 GDP 耗电量	千瓦时/万元	负向
绿色生活	建成区绿化覆盖率	%	正向
	万人拥有公交车辆	辆/万人	正向
	生活垃圾无害化处理率	%	正向
农地保护	单位耕地灌溉面积农用化肥施用量	吨/100 公顷	负向

（五）开放系统

新发展格局是开放的国内国际双循环，开放发展体现我国的对外开放程度，主要从对外开放和国际交流两个方面构建。对外开放的具体指标有外贸依存度、外商直接投资占 GDP 的比重；国际交流主要选取对外直接投资占 GDP 的比重、接待入境游人数两个指标（见表4-6）。

表4-6　开放系统考核指标体系

次准则层	指标层	单位	性质
对外开放	外贸依存度	%	正向
	外商直接投资占 GDP 的比重	%	正向
国际交流	对外直接投资占 GDP 的比重	%	正向
	接待入境游人数	万人次	正向

（六）共享系统

共享发展，就是要使全体社会成员在经济社会发展中有更多获得感，从而增强发展动力，增进人民团结，并朝着共同富裕方向稳步前进。共享系统考核指标主要从社会保障、公共服务、基础设施三个方面构建。社会保障具体指标有基本养老保险覆盖率、基本医疗保险覆盖率、城镇登记失业率；公共服务主要包括教育经费占 GDP 比重、每万人拥有的医院床位数、公共图书馆数量三个具体指标；基础设施包括公路营业里程和互联网普及率（见表4-7）。

表4-7　共享系统考核指标体系

次准则层	指标层	单位	性质
社会保障	基本医疗保险覆盖率	%	正向
	基本养老保险覆盖率	%	正向
	城镇登记失业率	%	负向
公共服务	教育经费占 GDP 比重	%	正向
	每万人拥有的医院床位数	张/万人	正向
	公共图书馆数量	个	正向
基础设施	公路营业里程	万公里	正向
	互联网普及率	%	正向

第三节　高质量发展水平测度

结合国内外学者相关研究，采用 AHP 层次分析法确定各指标的权重，运用综合评价法得出我国高质量发展水平测度结果。

一、测度方法

（一）数据标准化处理

由于指标体系中各指标数据量纲有所不同，为了使各指标之间横向可比，需要进行标准化处理。为了保持原来指标的差异程度和可区分性，数据处理只消除各个指标值的量纲，而不改变各个指标的其他特征，本研究采用最大最小标准化处理方法，公式为

$$X' = \frac{X - X_{\min}}{X_{\max} - X_{\min}} \tag{1}$$

$$X' = \frac{X_{\max} - X}{X_{\max} - X_{\min}} \tag{2}$$

其中，X 为原始数据，$X_{\max}$ 为该指标统计值的最大值，$X_{\min}$ 为该指标统计值的最小值，X' 为该指标标准化的结果。对于正向指标，采用（1）式进行标准化处理，对于负向指标，采用（2）式进行标准化处理。这样的无量纲化处理把指标值变换到一个大于 0、小于 1 的开放区间，只去掉各个指标值的量纲，而不改变各个指标在区域单元之间的差异程度，确保指标之间仍然是横向可比的。

（二）确定指标权重——层次分析法

层次分析法的具体计算步骤如下：

1. 建立系统的递阶层次结构

首先，把系统问题条理化、层次化，构造出一个层次分析的结构模型。其次，在模型中，复杂问题被分解，分解后各组成部分称为元素，这些元素又按属性分成若干组，形成不同层次。递阶层次结构通常包括目标层、准则层和指标层。其中目标层指层次结构中的最高层次，准则层指评判方案优劣的准则，可再细分为子准则层、次准则层。指标层指可具体衡量的指标。

2. 构造两两比较判断矩阵

在递阶层次结构中，设上一层元素 C 为准则，所支配的下一层元素 u_1，

u_2，$\cdots$，u_n 对于准则 C 的相对重要性即权重。其方法是对于准则 C，元素 u_1 和 u_2 哪一个更重要，重要的程度如何，通常按 1~9 比例标度对重要性程度赋值（见表4-8）。对于准则 C，对 n 个元素之间相对重要性的比较得到一个两两比较判断矩阵，$A = (a_{ij})_{n \times n}$。

表 4-8　判断矩阵 1~9 标度法原理

重要性标度	含义
1	表示两个元素相比，具有同等重要性
3	表示两个元素相比，前者比后者稍重要
5	表示两个元素相比，前者比后者明显重要
7	表示两个元素相比，前者比后者强烈重要
9	表示两个元素相比，前者比后者极端重要
2,4,6,8	表示上述判断的中间值
倒数	若元素 i 与 j 的重要性之比为 a_{ij}，则元素 j 与 i 的重要性之比为 $a_{ji} = 1/a_{ij}$

由上述可知，根据每个评价指标判断出其相对重要程度可以构造如下的判断矩阵，其表示为

$$A = \begin{bmatrix} a_{11} & a_{12} & a_{13} \cdots a_{1n} \\ a_{21} & a_{22} & a_{23} \cdots a_{2n} \\ a_{31} & a_{32} & a_{33} \cdots a_{3n} \\ \cdots & \cdots & \cdots & \cdots \\ a_{n1} & a_{n2} & a_{n3} \cdots a_{nn} \end{bmatrix} \tag{3}$$

其中，a_{ij} 就是元素 u_i 和 u_j 相对于 C 的重要性的比例标度。判断矩阵 A 具有以下性质：$a_{ij} > 0$，$a_{ji} = 1/a_{ij}$，$a_{ii} = 1$。

3. 计算准则层和措施层的各指标的权重

（1）计算判断矩阵 A 的每一行元素的积 E_i，公式为

$$E_i = \prod_{i=1}^{n} A_{ij}, \ i, j = 1, 2, \cdots, n。 \tag{4}$$

（2）计算各行元素的 n 次方根 F_i，公式为

$$F_i = \sqrt[n]{E_i}, \ i = 1, 2, \cdots, n。 \tag{5}$$

（3）将列向量进行归一化处理，得权重向量 G_i，公式为

$$G_i = \frac{F_i}{\sum\limits_{i=1}^{n} F_i}, \ i = 1, 2, \cdots, n。 \tag{6}$$

4. 判断矩阵的一致性检验

（1）求矩阵 A 的最大特征根：

$$\lambda = \frac{1}{n} \sum_{i=1}^{n} \frac{(AG)_i}{G_i} \qquad (7)$$

其中 $(AG)_i$ 为 AG 的第 i 的元素。

（2）计算一致性指标 $C.I.$，公式为

$$C.I. = \frac{\lambda_{max} - n}{n - 1} \qquad (8)$$

（3）查表确定相应的平均随机一致性指标 $R.I.$（random index）（见表4-9）。

表 4-9 平均随机一致性指标 RI 值

n	1	2	3	4	5	6	7	8	9	10	11
RI	0	0	0.58	0.90	1.12	1.24	1.32	1.41	1.45	1.49	1.52

（4）计算一致性比率 $C.R.$（consistency ratio），并进行判断：

$$C.R. = \frac{C.I.}{R.I.} \qquad (9)$$

当 $C.R. < 0.1$ 时，认为判断矩阵的一致性是可以接受的，当 $C.R. > 0.1$ 时，认为判断矩阵不符合一致性要求，需要对该判断矩阵进行重新修正。

5. 层次总排序

层次总排序是指指标层（措施层）和子系统层（准则层）相对高质量发展评价水平层权重重要性的计算。指标层的各指标权重能够通过层次分析法直接求得，子系统层的权重由指标层的各指标值和权重相乘加总得到。

（三）加权综合

采用加权综合法，对多指标系统进行综合评价时，得出综合水平。加权综合法指数的计算充分考虑了各指标的权重，体现了不同指标对系统的影响程度。具体计算公式为

$$y_{ij} = \sum_{j=1}^{m} w_j x_i \qquad (10)$$

其中，y_{ij} 表示第 i 年第 j 项指标的指数，w_j 表示指标的权重，m 表示个数。

二、结果分析

（一）数据来源

研究数据主要来自2001—2020年《中国统计年鉴》《中国环境统计年鉴》

和历年中国生态环境状况公报。将数据进行缺失值处理和最大最小标准化处理。处理结果如本书附录附表1-1、附表1-2、附表1-3、附表1-4、附表1-5、附表1-6所示。

（二）确定权重

根据四位专家学者的意见，其中两位专家长期从事统计理论及其在经济社会中的应用研究，两位专家多年专注于区域经济学、金融学领域的应用研究。各位专家结合我国经济发展状况，对高质量发展多个指标影响进行了重要程度判断，构造了高质量发展各评价指标的判断矩阵。

根据专家学者对经济规模、产业结构和经济效率相对重要程度的判断，可以构造经济系统的判断矩阵，如表4-10所示。

表4-10　经济系统各指标判断矩阵

指标	经济规模	产业结构	经济效率	权重
经济规模	1	3	5	0.633
产业结构	1/3	1	3	0.260
经济效率	1/5	1/3	1	0.106

λ_{max} = 3.039，$C.R.$ = 0.034 < 0.1，通过一致性检验。

根据专家学者对创新资源、创新产出、创新绩效和创新环境相对重要程度的判断，可以构造创新系统的判断矩阵，如表4-11所示。

表4-11　创新系统各指标判断矩阵

指标	创新产出	创新绩效	创新资源	创新环境	权重
创新资源	5	3	1	7	0.558
创新产出	1	1/3	1/5	3	0.122
创新绩效	3	1	1/3	5	0.263
创新环境	1/3	1/5	1/7	1	0.057

λ_{max} = 4.118，$C.R.$ = 0.044 < 0.1，通过一致性检验。

根据专家学者对城乡协调、产业协调和区域协调相对重要程度的判断，可以构造协调系统的判断矩阵，如表4-12所示。

表 4-12　协调系统各指标判断矩阵

指标	城乡协调	产业协调	区域协调	权重
城乡协调	1	1/3	3	0.243
产业协调	3	1	7	0.669
区域协调	1/3	1/7	1	0.088

$\lambda_{max} = 3.007$，$C.R. = 0.006 < 0.1$，通过一致性检验。

根据专家学者对环境治理、环境质量、绿色生活和农地保护相对重要程度的判断，可以构造绿色系统的判断矩阵，如表 4-13 所示。

表 4-13　绿色系统各指标判断矩阵

重要度	环境治理	环境质量	绿色生活	农地保护	权重
环境治理	1	1/3	3	5	0.267
环境质量	3	1	5	7	0.563
绿色生活	1/3	1/5	1	2	0.108
农地保护	1/5	1/7	1/2	1	0.062

$\lambda_{max} = 4.069$，$C.R. = 0.025 < 0.1$，通过一致性检验。

根据专家学者对对外开放和国际交流两个维度的指标的判断，两者体现"引进来"和"走出去"两个方面的对外开放程度，重要性比较相似，因此采用等权法，判断矩阵如表 4-14 所示。

表 4-14　开放系统各指标判断矩阵

指标	权重
对外开放	0.5
国际交流	0.5

根据专家学者对社会保障、公共服务和基础设施相对重要程度的判断，可以构造共享系统的判断矩阵，如表 4-15 所示。

表 4-15　共享系统各指标判断矩阵

指标	社会保障	公共服务	基础设施	权重
社会保障	1	1/3	1/2	0.164
公共服务	3	1	2	0.539
基础设施	2	1/2	1	0.297

λ_{max} = 3.009，C.R. = 0.008 < 0.1，通过一致性检验。

根据专家对经济系统、创新系统、协调系统、绿色系统、开放系统、共享系统的重要程度的判断，可以构造高质量发展指标体系的判断矩阵，如表 4-16 所示。

表 4-16　高质量发展各指标判断矩阵

指标	经济	创新	协调	绿色	开放	共享	权重
经济	1	1/3	3	3	5	7	0.248
创新	3	1	6	2	5	7	0.376
协调	1/3	1/6	1	1/2	2	3	0.080
绿色	1/3	1/2	2	1	7	9	0.202
开放	1/5	1/5	1/2	1/7	1	5	0.065
共享	1/7	1/7	1/3	1/9	1/5	1	0.029

λ_{max} = 6.611，C.R. = 0.098 < 0.1，通过一致性检验。

通过分别计算准则层、次准则层对目标层的合成权重，得到表 4-17。

表 4-17　层次分析法各指标权重

准则层Ⅱ	次准则层Ⅲ	次准则层权重
经济系统（0.248）	经济规模	0.633
	产业结构	0.260
	经济效率	0.106
创新系统（0.376）	创新资源	0.558
	创新产出	0.122
	创新绩效	0.263
	创新环境	0.057

表4-17（续）

准则层Ⅱ	次准则层Ⅲ	次准则层权重
协调系统（0.080）	城乡协调	0.243
	产业协调	0.669
	区域协调	0.088
绿色系统（0.202）	环境治理	0.267
	环境质量	0.563
	绿色生活	0.108
	农地保护	0.062
开放系统（0.065）	对外开放	0.5
	国际交流	0.5
共享系统（0.029）	社会保障	0.164
	公共服务	0.539
	基础设施	0.297

　　根据准则层六个指标的权重得分发现，创新系统、经济系统、绿色系统是影响我国高质量发展的重要因素，特别地，创新作为我国新发展理念之一，是我国经济发展的关键要素。相较于其他指标，协调系统、开放系统、共享系统的重要性较弱，但仍是高质量发展不可忽视的组成部分，它体现了我国除了重视经济发展的速度，还日益重视经济社会发展的协调性、稳定性和可持续性。

　　（三）测度结果分析

　　根据公式（10）采用加权综合法计算得出各子系统和高质量指标体系的综合水平，结果如表4-18和图4-2所示。

表4-18　高质量发展各子系统和综合水平得分

年份	经济系统	创新系统	协调系统	绿色系统	开放系统	共享系统	综合水平
2000	0.147	0.006	0.227	0.097	0.164	0.003	0.087
2001	0.168	0.043	0.173	0.185	0.149	0.110	0.122
2002	0.218	0.073	0.254	0.236	0.208	0.122	0.166
2003	0.246	0.055	0.297	0.277	0.326	0.110	0.186
2004	0.240	0.041	0.267	0.171	0.468	0.126	0.165
2005	0.300	0.148	0.370	0.243	0.555	0.205	0.251

表4-18(续)

年份	经济系统	创新系统	协调系统	绿色系统	开放系统	共享系统	综合水平
2006	0.370	0.167	0.470	0.209	0.576	0.232	0.279
2007	0.470	0.292	0.498	0.323	0.603	0.280	0.379
2008	0.312	0.316	0.513	0.457	0.621	0.317	0.379
2009	0.332	0.402	0.566	0.520	0.464	0.383	0.425
2010	0.405	0.423	0.599	0.697	0.552	0.454	0.498
2011	0.399	0.429	0.632	0.612	0.509	0.542	0.483
2012	0.373	0.506	0.634	0.664	0.451	0.685	0.517
2013	0.414	0.559	0.622	0.721	0.423	0.710	0.556
2014	0.433	0.581	0.629	0.699	0.366	0.734	0.562
2015	0.479	0.618	0.640	0.675	0.393	0.792	0.587
2016	0.518	0.690	0.671	0.686	0.479	0.827	0.635
2017	0.556	0.772	0.746	0.679	0.409	0.879	0.677
2018	0.587	0.864	0.785	0.700	0.368	0.919	0.725
2019	0.646	0.937	0.769	0.719	0.364	0.967	0.771

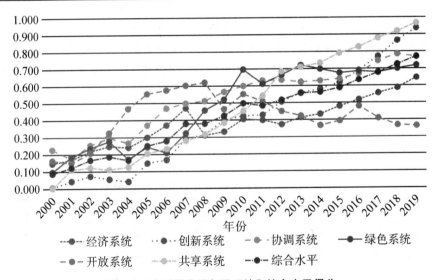

图4-2 高质量发展各子系统和综合水平得分

从表 4-18 和图 4-2 可以看出，近 20 年来，我国高质量发展综合水平从 2000 年的 0.087 上升到 2019 年的 0.771，整体呈现稳定上升趋势。由于我国经济发展转型升级以及国际金融危机的影响，2004 年、2008 年高质量发展综合水平略有下降，这反映我国高质量发展水平与国际国内宏观经济形势密切相关。

分类来看，经济系统得分呈"U"形变化。从 2000 年的 0.147 增加到 2007 年的 0.470，2008 年下降到 0.312，随后稳步上升到 2019 年的 0.646。在 2000—2007 年，我国 GDP 增速从 8.5% 提升到 14.2%，经济保持高速增长，受次贷危机影响，2008 年 GDP 增速有所放缓。但随着我国产业结构的日益优化，第三产业占 GDP 的比重增加到 53.9%，经济转型升级不断深化，人均 GDP 进一步提高，于 2019 年突破一万美元。

创新系统得分总体呈"J"形变化。从 2000 年的 0.006 增加到 2002 年的 0.073，降至 2004 年的 0.041，随后快速提升到 2008 年的 0.316，之后稳步增长到 2017 年的 0.772，2018 年提升到 0.864，2019 年进一步增加到 0.937。结合创新系统各指标的发展变化情况发现，我国创新能力大幅提升主要得益于科研人员数量的快速增加、科学技术支出占财政支出比重快速提高，由此带来发明专利数申请数、技术合同实现交易额持续快速增长。

协调系统得分总体呈"J"形变化。2004 年以前，协调系统得分在 0.17 ~ 0.27 波动，2005 年大幅提升至 0.37，随后逐渐增加到 2018 年的 0.785，但 2019 年小幅下降到 0.769。分析协调系统的各指标发现，我国协调系统得分提高主要是由于我国城镇化进程步伐加快、城乡收入差距逐渐缩小，产业结构与就业结构协调性增强，区域战略缩小了区域发展的不平衡。

绿色系统得分也呈现"J"形变化特征。从 2000 年的 0.097 逐步提升到 2013 年的 0.721，2014 年后维持在 0.7 左右，缓慢增长到 2019 年的 0.719。分析绿色系统的各指标发现，我国污水处理率、建成区覆盖率、生活垃圾无害化处理率不断提升，万元 GDP 二氧化硫排放量、万元 GDP 耗能不断下降，导致绿色系统得分快速提升。但 2015 年以来，工业固体废物综合利用率、环境污染治理投资与 GDP 之比有所下降，使我国环境治理面临压力。

开放系统得分呈现倒"U"形变化特征。我国于 2001 年加入 WTO 后，基本形成了全方位开放的格局，开放系统得分从 2000 年的 0.164 快速提升至 2008 年的 0.621，随后缓慢降至 2019 年的 0.364。这主要是由于 2008 年国际金融危机的影响，全球经济增速下降，国际市场需求下降，投资减少，我国对外依存度从 2008 年的 62.87% 骤降到 2009 年的 49.30%，2019 年仍维持

31.85%，外商直接投资占 GDP 的比重从 2008 年的 2.01% 下降到 2019 年的 0.96%。

共享系统得分呈现"J"形变化特征。从 2000 年的 0.003 快速提升到 2019 年的 0.967。进一步分析可知，我国社会保障制度日益完善，基本医疗保险覆盖率、基本养老保险覆盖率从 2000 年的 3%、10.7% 增加到 2019 年的 96.74%、69.11%。同时我国教育、医疗、图书馆等文化服务覆盖日益广泛，公路、互联网等基础设施水平日益提高，导致共享系统得分大幅提升。

三、小结

本章从高质量发展的内涵入手，基于新发展理念构建高质量发展指标体系，运用层次分析法确定指标权重，测度我国高质量发展水平。结果表明，我国高质量发展水平自 2000 年以来呈稳步提升态势，从 2000 年的 0.087 上升到 2019 年的 0.771。从六大系统来看，经济系统得分呈"U"形变化，创新系统、协调系统、绿色系统、共享系统得分总体呈"J"形变化，开放系统得分呈现倒"U"形变化特征。总体而言，我国高质量发展水平在经济转型升级和国际金融危机的影响下有所波动，尽管经济增速有所放缓，面临复杂多变的国内外环境，但在我国创新水平不断提升、协调性不断增强、绿色发展日益成熟、共享系统日益完善的共同作用下，我国经济仍取得了突出成就。

第五章 绿色金融推动高质量发展的理论基础和机理

从高质量发展的内涵来看，绿色成为普遍形态，绿色转型也是经济高质量发展的内在需求，而绿色金融是推动绿色发展的核心要素和主要动力，绿色金融作为工具，对高质量发展有着推动作用。本章将首先通过绿色金融的外部性、环境库兹涅茨曲线和绿色金融的功能来分析绿色金融推动高质量发展的机理的理论基础，绿色金融的外部性使得绿色金融的发展离不开政府的干预，绿色金融发展的根本目的是推动经济、环境和谐统一的发展，也是高质量发展的核心内容，而绿色金融的功能既是绿色金融发展的理论基础也体现了绿色金融推动高质量发展的机理。其次，再从高质量发展体系当中权重超过80%的三个系统来分析具体的机理，分别推导绿色金融推动经济系统、创新系统和绿色系统的机理。

第一节 绿色金融的外部性

在分析环境问题的成因时，西方经济学界普遍认为外部性是导致环境污染和生态破坏的根源，张百灵（2011）对环境资源的属性进行分析，指出环境资源具有稀缺性和公共性。哈丁提出的"公地悲剧"是对环境问题的经典论述，而"公地悲剧"的经济学释义就是外部性。外部性理论发展至今，其外延非常广阔。在马歇尔提出外部经济理论后，马歇尔的学生庇古在马歇尔"外部经济"概念基础之上扩充了"外部不经济"的概念和内容，指出在经济活动中既存在外部经济也存在外部不经济，即正外部性和负外部性。之后学术界从外部性的定义、原因及影响对外部性展开了全面而综合的研究。

一、外部性相关研究

1890 年，马歇尔首次定义的外部经济是指"由于企业外部原因导致的生产成本的降低"。此后，西方经济学界从福利经济学的视角分析私人成本和社会成本以及私人收益和社会收益之间的关系来界定外部性的内涵。国内学者在此基础之上，也从成本-收益的偏差及社会福利的变化来界定外部性。

（一）外部性的内涵研究

1920 年，庇古提出了"外部不经济"和"内部不经济"的概念，将外部性分为正外部性外部经济和负外部性外部不经济两种。庇古认为外部性是某个经济主体对另一个经济主体产生的一种外部影响，社会边际净产值与私人边际净产值的差异构成了外部性，且外部性是可正可负的。外部性的存在，使得社会成本与私人成本、社会收益与私人收益出现了偏差，从而导致资源配置难以实现帕累托最优。鲍莫尔和奥茨（1988）对外部性概念进行了较为全面的概括，"如果某个经济主体的福利效用或利润中包含的某些真实变量的值是由他人选定的，而这些人不会特别注意到其行为对于其他主体的福利产生的影响，此时就出现了外部性；对于某种商品，如果没有足够的激励形成一个潜在的市场，而这种市场的不存在会导致非帕雷托最优的均衡，此时就出现了外部性"。科恩斯和桑德勒（Cornes et al.，1996）对外部性的含义进行了归纳，认为这种经济外部性的发生不局限于某个特定的社会制度框架之内，而在现有的任何社会制度内，要鼓励某个经济主体多从事某项经济活动以增加他人福利或者组织某项有损他人的生产经营活动，都会遇到现实的困难。概括来说，外部性是指某个经济主体（生产者或消费者）的行为对其他人的福利造成了有利的或有害的影响，却没有得到相应的补偿或承担一定的后果。如果生产者或消费者的某项经济活动给社会其他个体带来了好处而没能因此获得补偿或奖励，那么他的经济活动得到的私人利益便少于该活动产生的社会利益，这称之为外部经济；如果生产者或消费者的某项经济活动给社会其他个体带来了损害而没能为此承担该损害的成本，那么他的经济活动得到的私人成本便少于该活动造成的社会成本，这称之为外部不经济。

石声萍（2013）从成本和收益的外部化分析外部性问题，对外部性进行了重新定义：外部性是指经济主体在生产、经营、消费活动中，自觉或不自觉地没有承担全部成本或没有享受全部收益的现象。同时他提出了外部性供体和外部性受体的概念，外部性供体是指转嫁其行为所产生的成本或收益的经济主体，外部性受体是指承担他人行动引起的成本或收益的经济主体。陈玉玲

（2014）提出，外部性是在实际经济活动中生产者或消费者的活动对其他生产者或消费者带来的非市场性的影响，即对他人产生有利的或不利的影响但不需要他人对此支付报酬或进行补偿的活动。外部性有正、负之分，正外部性是指个体或组织的经济活动与行为等给其他社会成员带来好处，但本身却得不到相应的补偿；而负外部性则与之相反，是指个体或组织的经济活动与行为等使其他社会成员受损，但自身却没有承担相应的成本。冯楠（2016）指出，外部性作为环境经济学中最基本的概念，又可称为溢出效应或外部影响，指的是经济活动中，某个经济行为主体采取的某种生产或经营行为对其他未直接参与此项经济活动的其他经济主体产生的正面或负面影响，而这种影响却没有以货币的形式转变成经济行为施加者的收益或成本，没有在市场交易中得到体现。这种行为使被施加影响的经济主体被迫承担了成本（经济负外部性）或使他人在没有支付相关成本的情况下得到了福利增进。

（二）外部性的原因和影响研究

英国学者哈丁（1968）提出了"公地悲剧"，即在一些地方的公共牧场中，放牧人可以自由使用公共草地资源，但由于草地资源有限且牧草的生长需要时间，每个公共牧场都有最大可承载的放牧数量，当超过这个最大可承载量的牲畜进入牧场，公共草地资源就会受到破坏。哈丁认为在一个信奉公地自由使用的社会里，每个人趋之若鹜地追求自己的最佳利益，毁灭的就是所有人的目的地，并最终会导致资源枯竭悲剧的发生。"公地悲剧"形象地描述了外部性产生的原因是资源的稀缺和资源使用者的自利行为。而外部性的危害是会导致出现资源配置不合理、使用不当、利用不充分等后果。

1. 资源的稀缺性和利益最大化之间的矛盾是外部性产生的根本原因

许多经济学家从公共物品的特点出发来研究外部性产生的根源问题，公共物品既有稀缺性又有非竞争性和非排他性，公共物品的存在给外部性带来了机会。公共物品的非竞争性和非排他性使得所有人都可以无成本或低成本地、合法地使用它，使用者因为使用公共物品获得更多的收益而不必承担更多的成本，但公共物品也是稀缺的，最终就会导致公共物品被过度使用，以致遭到破坏。

2. 外部性的危害在于资源配置效率的缺失——市场失灵

如果通过市场来配置公共产品，生产者即公共物品和劳务的提供者可能得不到相应的费用补偿，也就是生产者所获得的收益要低于其所付出的成本，如果要得到补偿又需要花费大量的交易成本，生产者无法实现利益最大化，因此在公共产品领域，市场不能有效配置而导致市场失灵。外部性危害的实质是导致效率的缺失，这种缺失对合理、有效利用资源提出了挑战，引致了对公共物品低效率的过度消耗；对环境资源的过度使用，导致巨大的污染和生态破坏，从而造成恶性循环，危及现代人和后代人的生存。外部性在一定程度上还助长了一种消极的态度以及信用的缺失，诸如"搭便车"、社会信用危机等，每个人都希望享有相关的利益，却不愿意为公共福利的增进做出积极的努力。

3. 政府失灵也被认为是外部性的原因之一

尽管市场失灵可以通过政府调整资源配置，提高配置效率，但政府也会在行使职能的过程中遭遇失败，无法有效地干预市场失灵问题，这就是政府失灵。汉森等许多环境经济学家认为政府失灵是造成环境问题的一个重要的原因，由于政府进行调节性干预，或允许个别产业经营者获得垄断权力，因而市场不能令人满意地发挥作用，显示出政府干预政策的低效率或高成本，这可能就是导致环境恶化的结构性原因。也可能是制度障碍阻止进入市场，例如由于所有权和使用权不同的权力形式，尤其是政府以补贴和税收的形式对价格机制进行干预，所以相对价格偏离了真正的资源成本。因此生产者和消费者在应该使用哪种和使用多少资源的问题上会受到误导。此外，还可能是由于政府未干预、政府政策失灵，引起政府失灵，从而形成更为严重的或新的外部性。

石声萍（2013）通过对外部性产生的原因进行归纳分析，认为外部性产生的主观原因是自利行为，外部化实现的充分条件即客观原因有：产权残缺、信息不对称、交易成本高、不完全竞争、制度安排及制度规范的有限性、政府失灵等。

（三）外部性解决办法研究

从外部性产生的原因来看，可以减少非竞争性和非排他性以及通过成本补贴来解决外部性的问题。

1. 补贴和税赋

庇古、鲍莫尔等提出采用奖励与赋税制度解决外部性的方法。为了消除私人边际成本效益和社会边际成本效益之间的差异，庇古提出了著名的"庇古税"理论，即对产生负外部性的经济行为主体课以税收，对产生正外部性的经济行为主体进行补贴，从而实现资源配置的帕累托最优。"庇古税"理论得到了广泛的应用，目前，国际社会和世界各国广泛采取的"污染者负担"原则便是"庇古税"理论应用的典型，征收污染税、污染费成为各国普遍采取的污染控制措施之一。

2. 产权交易

外部性产生的直接原因被认为是经济主体利益间的冲突，冲突的根源是资源的稀缺性。奈特、埃利斯、费尔纳等提出了将稀缺资源私人化来解决外部不经济。科斯进一步提出必须明确产权才能解决外部性问题，认为只要产权明晰，交易成本为零，私人契约交易就可以解决外部性所引起的问题，实现资源的最优配置。科斯指出，外部性具有相互性，外部性是由污染者和受害者共同造成的，因此提出解决外部性的关键是明确权利赋予哪一方，也就是要明确产权。同时，科斯还指出庇古税不一定有效。科斯认为，如果交易成本为零，就没有必要征收庇古税，当交易成本不为零时，存在着多种解决方式和制度安排，但关键是要权衡各种解决方式的成本—收益，需要通过对比外部性带来的社会成本和社会收益来判定庇古税是否有效。哈罗德·德姆塞茨吸收了科斯的部分观点，提出"产权的主要功能在于引导各种激励机制，使外部性在更大程度上得以内部化"。

二、绿色经济外部性研究

学者们通过对环境资源属性进行分析，发现环境资源具有公共物品属性，因此经济主体在利用、治理和保护环境资源时必然会产生外部性。资源环境的破坏是负外部性的结果，资源环境的治理和保护又会产生正外部性。而绿色经济强调的是环境和经济之间的协调发展，注重提高资源利用效率、保护生态环境的高质量经济发展，以使经济效益和环境效益同步提升。因此，绿色经济主要体现的是正外部性。

（一）绿色经济外部性内涵的界定

本书将借鉴石声萍对外部性的定义，对绿色经济外部性进行界定。绿色经济活动主要由绿色生产、绿色消费、绿色投资等活动构成，而企业、金融机构、公众是参与绿色生产、绿色消费和绿色投资的主体。因此，根据石声萍对外部性的研究成果，企业、金融机构、公众都是外部性的供体和受体，而在绿色生产、绿色消费和绿色投资当中，外部性是指参与主体自觉或不自觉地没有承担全部成本或没有享受全部收益的现象。从绿色生产活动来看，一方面，企业进行绿色技术研发会产生技术外溢，企业作为技术研发人没有享受全部收益；另一方面，企业进行绿色生产节约了能源，减少了污染的排放，提高了环境质量，增加了社会福利，企业也没有享受全部的收益。那如果企业不进行绿色生产，造成能源的消耗以及污染的排放，企业并没有承担全部的责任。因此企业进行绿色生产会产生正的外部性，而非绿色生产会产生负的外部性。从绿色消费和绿色投资活动来看，一方面，公众选择节能环保产品以及绿色证券提高了环境质量，增加了社会福利，进行绿色消费和绿色投资的公众没有享受全部的收益，因此公众进行绿色消费和绿色投资会产生正的外部性；另一方面，金融机构进行绿色投融资活动同样是在促进全社会的绿色发展，增加社会福利，进行绿色投融资的金融机构没有获得全部的收益，所以金融机构进行绿色投资会产生正的外部性。因此，各主体参与绿色经济活动会产生正外部性，相反，如果各主体参与的是非绿色经济活动则会产生负外部性。

（二）绿色经济正外部性产生的原因及影响

从环境来看，部分环境资源（比如空气、河流、海洋）具有典型的公共物品属性，难以界定清晰的产权或存在较高的交易成本。经济活动的参与者通过各类形式的污染排放，破坏了环境，但没有承担相应的成本。而绿色经济活动要求减少污染物的排放，给经济主体增加了成本但却不能获得相应的收益。从自然资源来看，部分自然资源（土地、矿山、淡水、森林等通常被认为是无价或免费的）的低价使用，生产者片面追求高速度、高指标来增加供给、谋取利润，导致自然资源消耗量往往大于资源再生能力，导致自然资源过度消耗，同时也产生大量的污染，生产建设与环境保护之间比例失调。绿色经济要求生产者、消费者提高能源使用效率、更多地使用可再生资源，就需要生产者投入更多的成本或进行技术的研发或直接使用可再生资源、消费者更多地使用环保产品，以减少对自然资源的消耗和污染的排放，但是生产者和消费者并没有全部享受到绿色生产所增加的社会福利，因此这种正外部性会导致经济主体出现"搭便车"的消极心理，希望最大化降低自身的成本而享受更好的环境。作为绿色经济的参与主体，无论是生产者、消费者还是投资者，都是利益最大化主体，他们会缺乏动力和自主性来参与绿色经济活动从而实现环境的保护，也就是正外部性供给不足。而正外部性的供给不足，负外部性供给过量，最后导致资源"过度消耗—环境恶化—生产效益低下—经济贫苦—掠夺资源"的恶性循环，且危害子孙后代。

（三）绿色经济正外部性解决的办法

解决绿色经济正外部性的根本方法是通过政府或市场机制弥补成本和收益的偏差，让绿色经济参与主体的收益和成本相匹配，达到绿色经济主体的利益最大化的目的。从政府视角来看，政府可以通过激励和约束机制促进经济主体参与绿色经济，一方面直接对绿色经济参与主体进行财政补贴，弥补其收益损失，甚至通过创新机制让参与主体获得比非绿色行为更高的收益；另一方面也可通过税赋、许可证、法律法规等手段限制负外部性的供给，增加非绿色行为的成本。从市场视角来看，一方面，尽量明晰产权、降低交易成本，构建污染排放权、能源使用权交易市场，促进污染排放权和能源使用权在市场内的充分配置，从全社会范围来控制能源的消耗和污染的排放；另一方面，站在全社会和全人类的发展的角度来进行资源的配置，将社会福利和后代的福利进行当期和跨期配置到当代绿色经济活动主体的福利中，从而解决正外部性问题，促进经济主体自主参与绿色经济活动的积极性。

三、绿色金融外部性研究

从绿色金融的内涵来看，既有政府的干预也有市场运行机制。可见，绿色金融是解决绿色经济外部性的重要措施。同时，绿色金融本身也存在外部性的特征，被认为是典型的准公共产品（周道许 等，2014；殷剑锋 等，2017）。杨颖（2019）指出，政府实施绿色金融具有正外部性，环保企业的生产具有正外部性，而污染企业的生产具有负外部性，绿色金融政策的作用就是使正负外部性均内部化，体现"谁污染、谁负责"的原则。

（一）发展绿色金融是解决绿色经济外部性的重要手段

（1）政府参与绿色金融的主要目的是致力于解决参与主体的成本和收益不对等的问题。政府不仅直接投资于绿色经济活动承担全部的成本，更重要的是政府要推动生产者、消费者和金融机构参与绿色投融资活动。一方面，政府通过降低融资成本和绿色投资补贴来平衡绿色投融资活动中的成本和收益，比如央行通过再贷款、再贴现、利率优惠等政策降低企业绿色融资的成本，政府对银行的绿色投资给予奖励等；另一方面，政府通过征收环境税和环境风险管理，使企业为自身造成的环境污染付费，提高运行成本，形成污染者付费的机制。

（2）金融机构、公众等通过资金配置来解决绿色经济主体所面临的外部性问题。金融机构和公众通过绿色信贷、绿色债券等方式提高污染企业的融资成本的同时降低环保企业的融资成本，同时通过绿色投资引导资金流向绿色生产，最终引导企业更多地参与绿色生产。

（3）碳金融等环境权益交易则根据科斯定理，通过市场运行机制来解决绿色经济的外部性问题。在碳金融中，无论初始碳排放权交易如何分配，只要碳交易市场中的定价是合理且能够交易的，那么最终就可以达到帕累托最优状态。

（二）绿色金融本身具有正外部性

绿色金融的参与主体包括政府、金融机构、企业、个人和社会组织等，主体之间各自有利益最大化的需求，使绿色金融产生了外部性，绿色金融的正外部性主要体现在生产者、消费者以及金融机构参与绿色投融资活动中的成本和收益的不对等。绿色金融具有准公共物品的属性，具有非竞争性和不充分排他性，各主体即使不为环境保护付费，也能得到环境保护的好处，同时也无法完全阻止各主体享受环境治理的成果。人们在享用公共物品时往往会成为"搭便车者"，不支付成本也能得到收益。在市场机制中，难以通过市场价格和供求关系确定其最优供给量，从而认为绿色金融产品的供给存在市场失灵。

（1）金融机构和公众参与绿色投融资会产生正外部性供给不足。金融机构作为绿色投融资的主体，一方面要承接企业转嫁的环境风险，另一方面又要为企业提供资金而无法获得较高的收益。同样地，公众参与绿色金融产品的投资也会承接企业转嫁的环境风险，而绿色债券等绿色金融资产的收益率相对更低。可见，信息不对称加剧了绿色投融资活动的正外部性，会导致绿色投融资供给不足。

（2）企业和公众参与绿色生产和绿色消费会产生正外部性供给不足。企业无论是技术的研发还是绿色原材料的投入都需要付出更高的成本，企业是否能顺利地将风险和成本转嫁给消费者，取决于消费者。而消费者在进行绿色消费的时候有明显的正外部性，自利性的消费者也很难接受价格较高的绿色产品。

因此，完善绿色金融的配套制度是关键。要推动绿色金融持续发展，促进绿色经济持续发展，就要形成消费者进行绿色消费、企业进行绿色生产、金融机构和投资者获得投资收益的良性循环，最终带来全社会的福利提升。这就需要解决信息不对称、市场机制不畅通、交易成本高、法律法规不完善等问题。

第二节　环境库兹涅茨曲线

库兹涅茨曲线（Kuznets curve），又称倒 U 曲线（inverted U curve）、库兹涅茨倒 U 字形曲线假说，是美国经济学家西蒙·史密斯·库兹涅茨于 1955 年所提出的收入分配状况随经济发展过程而变化的曲线①。

一、环境库兹涅茨曲线的提出

1991 年，美国经济学家 Grossman 和 Krueger 针对北美自由贸易区谈判中，美国人担心自由贸易导致墨西哥环境恶化并影响美国本土环境的问题，通过对

---

① 库兹涅茨. 各国的经济增长 [M]. 常勋，等译. 北京：商务印书馆，2009.

42 个国家 4 种环境指标与这些国家人均收入的统计分析，发现污染程度先是随经济发展而上升，然后在人均收入达到 8 000 美元（1985 年美元）左右时，污染程度开始随经济发展而下降，首次实证研究了环境质量与人均收入之间的关系，指出污染与人均收入间的关系为"污染在低收入水平上随人均 GDP 增加而上升，高收入水平上随 GDP 增长而下降"。1992 年世界银行的《世界发展报告》以"发展与环境"为主题，扩大了环境质量与收入关系研究的影响。1993 年，Panayotou 选取 1985 年 54 个国家为样本，以 SO_2、氮氧化物等作为污染物指标，对人均 GDP 取对数表征经济增长，建立二次函数模型对上述变量之间关系进行拟合，借用 1955 年库兹涅茨界定的人均收入与收入不均等之间的倒"U"形曲线，首次将这种环境质量与人均收入间的关系称为环境库兹涅茨曲线（EKC）。EKC 揭示出环境质量开始随着收入增加而退化，收入水平上升到一定程度后随收入增加而改善，即环境质量与收入为倒"U"形关系（贺佳贝，2015）。

二、环境库兹涅兹曲线的应用

环境库兹涅茨曲线提出后，环境质量与收入间关系的理论探讨不断深入，学者们主要从环境库兹涅茨曲线的存在与否和产生的原因两个方面进行了深入研究。

（一）环境库兹涅茨曲线是否存在方面的研究

学者们通过收集不同时间、不同国家或地区的数据，分别从污染物与人均收入、环境质量或压力与人均 GDP 或经济增长之间的关系进行实证分析，得出了不同的结果，但大多数学者赞成环境库兹涅茨曲线是存在的这一观点。Carson（1997）采用美国各州的面板数据验证各污染物水平与人均收入的关系，包群和彭水军（2006）采用中国省域 EKC 研究验证了经济增长与环境污染之间的关系，许广月（2010）分析了我国东部较发达地区经济增长与碳排放的关系，刘荣茂和张莉侠等（2006）利用工业污染物与人均地区生产总值进行拟合，卢宁和李国平（2010）研究了中国 1995—2008 年经济增长与环境污染之间的关系，朱欢等（2020）使用全球 67 个经济体 1990—2018 年的面板数据检验经济增长对能源结构转型和二氧化碳排放的影响，李家玉等（2021）运用中国 2003—2017 年 30 个省份的面板数据验证经济增长与环境污染之间的关系，以上都验证了环境库兹涅茨假说，表明环境库兹涅茨曲线是存在的。而Cropper 和 Griffiths 选取非洲、拉丁美洲和亚洲的国家及地区作为样本，对森林砍伐率和人均 GDP 的关系进行研究，扩大样本空间之后的研究结果发现，森林砍伐率并没有随着地区经济的增长而降低，两者并不符合传统的倒"U"形关系，森林环境无法随着地区经济增长而自行改善。Bagliani 等（2008）用生态足迹表征环境压力，研究了141个国家人均收入与环境压力的关系，结果表明人均收入和地区环境压力之间也不存在倒"U"形关系。国内学者也得出过一些不一样的结论。张成等（2011）取样中国30个省、区、市整体和分组检验地区环境与地区经济增长的关系，结果显示并非是单一的倒"U"形，而是可以展现出多种形态。张如鹏（2017）利用27个省、区、市1995—2014年的面板数据分析碳排放与经济增长的关系得出，无论是从全国范围看，还是分区域看，我国碳排放都不存在库兹涅茨曲线。

（二）环境库兹涅茨曲线存在的原因方面的研究

Grossman 和 Krueger 提出经济增长通过规模效应、技术效应与结构效应三种途径影响环境质量[1]：

（1）规模效应。经济增长从两方面对环境质量产生负面影响：一方面，经济增长要增加投入，进而增加资源的使用；另一方面，更多产出也带来污染排放的增加。

（2）技术效应。高收入水平与更好的环保技术、高效率技术紧密相连。在一国经济增长过程中，研发支出上升，推动技术进步，会产生两方面的影响：一是其他不变时，技术进步提高生产率，改善资源的使用效率，降低单位产出的要素投入，削弱生产对自然与环境的影响；二是清洁技术不断开发和取代肮脏技术，并有效地循环利用资源，降低了单位产出的污染排放。

（3）结构效应。随着收入水平提高，产出结构和投入结构发生变化。在早期阶段，经济结构从农业向能源密集型重工业转变，增加了污染排放，随后经济转向低污染的服务业和知识密集型产业，投入结构变化，单位产出的排放水平下降，环境质量改善。规模效应使环境恶化，而技术效应和结构效应改善环境。在经济起飞阶段，资源的使用超过了资源的再生，有害废物大量产生，规模效应超过了技术效应和结构效应，环境恶化；当经济发展到新阶段，技术效应和结构效应胜出，环境恶化趋势减缓。

学者们还从环境质量需求、环境规制、市场机制、污染投资等各方面来分析环境库兹涅茨曲线。

（1）环境质量需求方面，收入水平低的社会群体很少产生对环境质量的

---

[1] GROSSMAN, KRUEGER. Economic growth and the environment [J]. NBER working paper, 1994 (4634).

需求，贫穷会加剧环境恶化；收入水平提高后，人们更关注现实和未来的生活环境，产生了对高环境质量的需求，不仅愿意购买环境友好产品，而且不断强化环境保护的压力，愿意接受严格的环境规制，并带动经济发生结构性变化，减缓环境恶化。

（2）环境规制方面，伴随收入上升的环境改善，大多来自环境规制的变革。没有环境规制的强化，环境污染的程度不会下降。随着经济增长，环境规制在加强，有关污染者、污染损害、地方环境质量、排污减让等信息不断健全，促成政府加强地方与社区的环保能力和提升一国的环境质量管理能力。严格的环境规制进一步引起经济结构向低污染转变。

（3）市场机制方面，收入水平提高的过程中，市场机制不断完善，自然资源在市场中交易，自我调节的市场机制会减缓环境的恶化。在早期发展阶段，自然资源投入较多，并且逐步降低了自然资源的存量；当经济发展到一定阶段后，自然资源的价格开始反映出其稀缺性而上升，社会降低了对自然资源的需求，并不断提高自然资源的使用效率，同时促进经济向低资源密集的技术发展，环境质量改善。同时，经济发展到一定阶段后，市场参与者日益重视环境质量，对施加环保压力起到了重要作用，如银行对环保不力的企业拒绝贷款。

（4）减污投资方面，环境质量的变化也与环保投资密切相关，不同经济发展阶段上资本充裕度有别，环保投资的规模因而不同。Dinda 将资本分为两部分：一部分用于商品生产，产生了污染；一部分用于减污，充足的减污投资改善环境质量。低收入阶段，所有的资本用于商品生产，污染重，并影响环境质量；收入提高后充裕的减污投资防止了环境进一步恶化。环境质量提高需要充足的减污投资，而这以经济发展过程中积累了充足的资本为前提。减污投资从不足到充足的变动构成了环境质量与收入间形成倒"U"形的基础。

综合来看，在收入提高的过程中，随着产业结构向信息化和服务业的演变、清洁技术的应用、环保需求的加强、环境规制的实施以及市场机制的作用等，环境质量先下降然后逐步改善，呈倒"U"形。

三、绿色金融与环境库兹涅茨曲线的关系

环境库兹涅茨曲线是经济增长与环境质量之间的关系，而绿色金融作为助推绿色经济的工具，实现经济增长的同时要提高环境质量。可见，环境库兹涅茨曲线也体现了绿色经济转型的过程，在曲线的前半部分，经济增长与环境质量成反比，因为粗放型的经济增长模式带来了环境质量的恶化，而后半部分，

经济增长与环境质量成正比，经济增长的同时伴随着环境质量的改善，后半部分正是绿色经济发展的体现。而从环境库兹涅茨曲线的成因分析中，可以找到绿色金融助推绿色经济的机制和路径。国内外的学者通过在环境库兹涅茨曲线中加入更多变量，包括技术进步、产业结构优化、政府的环境规制、环保产品的供求、完善的市场机制以及绿色投资等，发现这些因素会改善环境库兹涅茨曲线的曲度，加速经济更快地跨过曲线的峰值。而绿色金融自身的发展既包括政府的环境规制、环保产品的供求、完善的市场机制和绿色投资，其促进绿色经济发展的重要机制也包括技术进步和产业结构优化等。可见，绿色金融与环境库兹涅茨曲线理论存在非常密切的关系，环境库兹涅茨曲线也是绿色金融发展以及绿色金融助推绿色经济以及高质量发展的重要理论基础。

第三节　绿色金融功能

无论是绿色金融本身的发展还是绿色金融助推绿色经济以及高质量发展，都是在金融发展和金融功能论的基础之上寻求发展之道。绿色金融助推绿色经济以及高质量发展的研究就是分析绿色金融与绿色经济及高质量发展之间的关系，而绿色金融对绿色经济和高质量发展的助推作用即正面的效应正是绿色金融功能的体现。因此，金融功能论是研究绿色金融及其助推作用非常重要的理论基础。

一、金融功能论的起源与形成

金融功能论起源于金融发展，金融发展主要研究的是金融发展如何促进经济增长或金融发展与经济增长之间的关系，从而衍生出金融功能论。

（一）戈德史密斯提出金融发展的概念

金融发展的概念是戈德史密斯1969年在《金融结构与金融发展》一书中提出来的。戈德史密斯认为，金融理论的职责就在于找出决定一国金融结构、金融工具存量和金融交易流量的主要经济因素，并阐明这些因素是怎样通过相互作用，从而形成金融发展的。一国现存的金融工具与金融机构之和就构成了该国的金融机构，包括各种现存金融工具与金融机构的相对规模、经营特征和经营方式，金融中介机构中各种分支机构的集中程度等，并强调指出："最重要的也许是金融工具的规模以及金融机构的资金与相应的经济变量之间的关系。"而金融发展就是金融结构的变化，研究金融发展必须以有关金融机构在短期或长期内变化的信息为基础。另外，戈德史密斯也对金融结构与金融发展和经济增长之间的关系进行了深入研究，并提出，金融结构对经济增长具有巨大的促进作用，因为金融结构改善了经济的运行，为资本转移提供了便利。

（二）金融深化论和金融约束论

1973 年麦金农和肖的著作《经济发展中的货币与资本》和《经济发展中的金融深化》的出版标志着金融发展理论的形成。在戈氏的概念框架下，麦金农和肖从不同的角度对发展中国家金融发展与经济增长之间的辩证关系做出了金融深化理论开创性的研究，提出了"金融抑制理论"和"金融深化理论"。这两个理论都充分强调金融在经济发展中的作用，强调发展中国家应消除金融抑制，主张发展中国家要通过金融自由化改革来促进金融和经济的快速发展，因此被统称为金融自由化理论。麦金农和肖认为，如果政府取消对金融活动的过多干预，可以形成金融深化与经济发展的良性循环，即金融体系的发展有利于动员储蓄和配置储蓄，从而促进经济的发展，同时，经济的增长和发展也会促进金融体系的不断发展和深化。其核心内容是要求政府取消金融管制，逐步实现金融自由化，形成一个正的实际利率，以使资金能够按市场机制配置到最有效率的地方。

现实中存在的信息不对称，会导致市场失灵，因此政府的适当干预是必要的。20 世纪 90 年代以来，赫尔曼（1996）、默尔多克和斯蒂格里茨（1999）等新凯恩斯主义者从不完全信息的市场出发，重新审视了金融自由化与加强政府干预的问题，提出了金融约束理论，指政府通过制定一系列的金融政策，在金融部门和生产部门创造租金的机会。政府可以通过利率干预、市场准入限制、定向信贷配给等来创造租金，目的就是使银行或企业获得超过竞争性市场所能得到的收益。政府创造租金机会仅仅是提供一种适当的激励，然后在获得这种机会的经济行为主体之间通过竞争性行为，在合理配置租金的同时经济主体自身也获得长足发展并提供了对社会有益的活动。在金融约束政策中，政府主要通过存贷款利率限制、市场准入限制、资产替代限制和稳定的宏观经济政策等一套措施来保证整个银行部门获得租金机会。

（三）莫顿和博迪提出金融功能论

Merton 和 Bodie（1992）提出了金融功能论，认为金融体系的结构构成并不是首要问题，金融体系的功能发挥才是首要问题。金融发展的本质不在于金融要素总量增加或结构转变，而在于金融效率的改善与金融功能的提升。Merton 和 Bodie（1995）认为，任何金融系统的基本功能都是在一个不确定的环境中，在时间上和空间上便利经济资源的配置和拓展。资源配置的单一基本功能是金融系统功能最为集中的体现，以此为基础可以进一步区分金融系统发挥的六个核心功能：①在不同的事件、地区和行业之间提供经济资源转移的途径；②提供管理风险的方法；③提供清算和结算支付的途径以完成交易；④为储备资源和在不同企业中分割所有权提供有关机制；⑤提供价格信息，帮助协调不同经济部门决策；⑥当交易中的一方拥有另一方没有的信息，或一方为另一方的代理人时，提供解决激励问题的方法。Merton 和 Bodie（2004）提出金融体系中银行和市场本身对经济增长没有绝对优劣之分，关键是其能否提供资源分配、融资、信息提供、支付手段、激励机制和风险控制六大功能。

二、金融功能的内涵研究

金融功能论研究的是金融发展如何促进经济增长。白钦先（2006）指出金融功能的本质含义是金融对经济的功效、效用、效应或租用，可以说它是研究金融与经济相互关系的主轴、核心与关键，金融功能的发展与金融的发展、经济的发展具有极大的相关性、协同性和一致性。禹钟华（2005）认为，金融功能是金融对于经济的作用和功效，是货币形式价值运动带来的正面的经济影响，金融功能是金融效率的结果，金融效率越高，金融功能越强。

（一）国外学者对金融功能的主要研究

金融发展通过促进资本积累和资本配置两个功能，促进经济增长（Hicks，1969；Goldsimth，1969；Mckinnon，1973），其中资本的优化配置是金融部门的基本功能（Rajan et al.，1998；Wurgler，2000）。莱文（1997）从交易成本的角度对金融体系的作用做了新的诠释，他认为，金融体系的作用在于消除由于交易成本和信息成本的存在而产生的市场摩擦，起到融通储蓄、优化资本配置等作用，金融发展降低了信息和交易费用，进而影响到了储蓄水平、投资决策、技术创新以及长期增长速度。金融系统对经济增长的作用主要体现在风险管理、储蓄聚集、资本配置、公司治理以及商品和金融合同交易等方面，而最终都是通过"资本积累"和"技术创新"这两条途经来实现的。艾伦和盖尔（2001）认为金融体系的功能主要是风险分散、信息提供、企业监控等。

（二）国内学者对金融功能的研究

国内学者对金融功能进行研究的代表主要有曾康霖、白钦先和禹钟华等。曾康霖（2002）在其所著的《金融经济学》中指出金融对经济的作用可以从多方面来考察：①金融工具作用于商品流通和价值实现；②金融借贷作用于生产的推动和生产规模的扩大；③金融商品作用于人们的资产的选择和增值；④金融价格（含利率和通胀）作用于财富在各阶层之间的分配；⑤金融媒介作用于资产的分配和重组；⑥金融保障作用于社会秩序的正常运行和社会稳定；⑦金融资本作用于经济组织的改革和更新；⑧金融政策作用于宏观经济调控；⑨金融文化作用于生存环境和人的素质；⑩金融实力作用于经济安全和国家安全。孙立等（2003）认为金融体系有六大基本功能：投融资服务、流动性供给、风险分散、价格发现、信息传递和公司治理。禹钟华（2005）依据经济金融发展历史，认为金融功能在不断扩展和提升，从基础的服务和中介功能，扩展到核心的资源配置功能，随着政府干预强化，包括资源配置功能、经济调节功能、分散和规避风险功能和政策性金融功能的金融主导功能显现出来且不断加强，最后又派生出包括调节产业结构功能、提供产权分割和交易便利功能、引导消费功能、财富再分配效应等功能。其中，禹钟华对政策性金融功能做了详细的分析，认为政策性有其特有功能，具体包括直接扶植与强力推进功能、逆向性选择功能、倡导与诱导性功能、虹吸与扩张性功能、补充与辅助性功能以及专业性服务与协调功能。白钦先（1998，2003，2006）认为金融功能具有客观性和稳定性，把金融功能划分为四个具有递进关系的层次，分别是基础功能、核心功能、扩展功能和衍生功能，其中，基础功能是服务功能和中介功能；核心功能是资源配置功能；扩展功能是经济调节功能和风险规避功能；衍生功能则包括风险交易、信息传递、公司治理、引导消费、区域协调、财富再分配。

三、我国绿色金融功能的界定

绿色金融追求的是同时实现经济增长、环境改善和金融业发展（Soundar-rajan et al., 2016），因此绿色金融的功能在于改善环境问题的同时协调环境与经济增长之间的关系，推动经济迅速地跨过环境库兹涅茨曲线的拐点，同时促进金融业自身的可持续发展。国内外学者针对绿色金融对环境及经济的作用的研究非常充分，但直接针对绿色金融功能的研究较少。王遥（2016）通过分析我国绿色金融对经济的贡献提出，中国的绿色金融有三个方面的作用：一是通过动员储蓄形成绿色投资，进而促进经济结构优化与供给侧质量改善、稳定经济的增长，实现对中国宏观经济发展的优化；二是能够鼓励企业绿色创新、降低市场交易成本、应对多层面风险、监督改善企业绿色表现、引领绿色消费，进而实现微观经济效率的提高；三是能够与环境保护规制、财政税收、碳排放权交易等经济政策形成互补，进一步促进经济的绿色发展。彭珊（2019）将绿色金融功能定义为金融系统通过资金融通、资源配置、储蓄投资转化和风险控制，最终实现经济效益最大化与环境效益最大化。本节将从金融功能和绿色金融以及绿色金融体系的内涵对我国绿色金融功能进行界定，将会更全面也更具针对性。

（一）我国绿色金融功能的定义

根据《G20绿色金融综合报告（2016）》提出的绿色金融定义：绿色金融指能产生环境效益以支持可持续发展的投融资活动。绿色金融强调的是产生环境效益和支持可持续发展。从绿色金融的定义当中可以看到绿色金融的最终目的是改善环境质量且推动可持续发展。可见，绿色金融功能研究的是绿色金融发展及其如何改善环境质量且推动可持续发展。

（二）我国绿色金融功能的内涵

《关于构建绿色金融体系的指导意见》对绿色金融的定义为：绿色金融体系是指通过绿色信贷、绿色债券、绿色股票指数和相关产品、绿色发展基金、绿色保险、碳金融等金融工具和相关政策支持经济向绿色化转型的制度安排。绿色金融体系强调了三点：①金融工具，②相关政策，③经济向绿色化转型。可见，绿色金融体系的构建是要集政府、金融机构、公众的合力来推动经济向绿色化转型。绿色金融体系可划分成市场和绿色金融政策两个层面。

1. 市场层面

市场层面包括绿色金融工具交易和环境权益交易形成的市场。

（1）绿色金融有明显的资金积累和资金配置的功能。在绿色金融工具或产品市场中，绿色金融工具包括绿色债券、绿色基金、绿色保险等的发行、出售、筹集并积累资金，或间接通过绿色信贷的发放，或直接进行绿色投资将资金配置到绿色企业、绿色项目、绿色消费者等，以推动绿色经济的转型和发展。

（2）绿色金融有明显的风险管理功能。一方面，绿色基金、绿色保险及绿色理财产品等本身就具备风险管理的功能；另一方面，绿色投资者在市场中购买绿色金融产品，是筹资者转移和分散环境风险和经营风险的过程。

（3）绿色金融有明显的公司治理功能。比如企业通过绿色信贷、绿色债券、绿色股票等获得资金，意味着要将资金投放在绿色技术、绿色项目的研发上，约束企业进行绿色生产。

（4）绿色金融有明显的财富再分配功能。一方面，绿色投资者通过投资绿色金融工具产生盈亏，实现财富再分配；另一方面，环境权益交易市场中，环境权益作为一种商品通过价格机制在市场中进行调剂，也可以实现绿色生产者的财富再分配。

2. 绿色金融政策层面

绿色金融政策层面包括政府绿色金融政策及其配套制度安排。

（1）绿色金融政策有明显的激励和约束功能。绿色金融存在明显的外部性和信息不对称，会存在市场失灵的现象，政府的干预是很有必要的，目的就是通过激励和约束机制来解决外部性和缓解信息不对称。比如政府通过贴息、担保、奖励降低成本或增加收益来激励经济主体积极地参与技能环保的绿色投资和消费；比如政府通过提高税收或建立配套且完善的法律法规制度等增加成本的方式约束甚至限制经济主体参与高污染高能耗的投资和消费。

（2）绿色金融政策有明显的引导、辅助和补充功能。比如政府通过财政或政策性金融机构将资金直接投放到绿色产业或绿色技术领域，通过绿色担保机制、绿色发展基金等手段撬动其他资金流向绿色经济领域，发挥其引导性功能；比如政府通过对绿色新兴技术领域、投资回收期较长、收益率较低的绿色项目的直接投资起到补充性融资的作用。

（3）绿色金融政策有明显的绿色经济转型功能。政府通过激励和约束机制促进经济从高污染高能耗向节能环保绿色转型，主要体现在技术创新、产业结构生态化转型和区域绿色协调发展两个方面。

（4）绿色金融政策有明显的国际合作功能。政府致力于推动绿色金融在全球形成合力，广泛开展绿色金融的国际合作，如达成全球气候投融资协议、共同治理气候环境等充分体现了绿色金融的国际合作功能。

概括来说，我国绿色金融体系的功能有：①资金积累和资金配置功能，②风险管理功能，③公司治理功能，④财富再分配功能，⑤激励和约束功能，⑥引导、辅助和补充功能，⑦绿色经济转型的功能，包括技术创新、产业结构生态化转型、区域绿色协调发展等，⑧国际合作功能等。这些功能是相互关联、相互促进的。

第四节　我国绿色金融推动高质量发展的机理

结合《关于构建绿色金融体系的指导意见》的定义与高质量发展的指标体系测度结果，从经济、技术和绿色三个方面来分析绿色金融推动高质量发展的具体机理。绿色金融体系强调经济向绿色化转型，高质量发展的指标体系测度显示包括经济、创新、协调、绿色、开放、共享六个系统当中权重超过82%的三个系统分别是经济、创新和绿色，体现了经济向绿色化转型是高质量发展的核心内容。因此，本节首先将从经济、绿色和创新分别对应的经济高质量发展、环境高质量发展以及技术创新三个方面来进行机理推导，而经济、技术和环境会相互作用，最后将综合推导绿色金融推动高质量发展的机理。

一、绿色金融推动经济高质量发展的机理推导

根据高质量发展水平测度，经济系统的权重为 24.8%，经济系统包括经济规模、产业结构、经济效率三个层面，这三者的重要程度依次为 47.9%、37.5%、14.7%。可见，经济高质量发展是高质量发展的重要因素之一，而经济规模和产业结构又是经济高质量发展的重要部分。

（一）绿色金融推动经济增长的机理推导

金融无疑是推动经济增长的重要引擎，但绿色金融对经济增长的影响可能存在两面性，绿色金融发展对经济增长可能存在正效应（李晓西 等，2015；郭国庆 等，2016；隗斌贤，2016；王海全 等，2017），也可能存在（短期）负效应（张雷 等，2009；宁伟 等，2014）。王遥等（2016）指出绿色金融通过绿色投资、绿色消费以及支持技术进步促进经济长期稳定的增长。根据环境库兹涅茨曲线，环境质量与经济增长之间的关系，可以看出绿色金融对经济增长是存在长期正效应的。因此，可以认为绿色金融对经济增长是有推动作用的。经济增长主要由投资、消费和出口拉动，而绿色金融不仅从绿色投资还会从绿色消费来推动经济增长，绿色金融推动经济增长的机理如图 5-1 所示。一方面，绿色消费信贷可以为消费者提供资金，增加对绿色产品的消费；另一方面，生产者通过申请绿色信贷和发行绿色债券、股票获得资金进行绿色生产投入，比如购买绿色原料、半成品或绿色零部件以及进行绿色技术的引进和研发。绿色金融产品市场为绿色投资提供了资金来源和动力，通过绿色产品的发行和出售积累了大量的资金：首先是银行等金融机构，一方面，通过吸收存款、发行绿色金融债券直接为企业提供绿色信贷实现绿色投资，为消费者提供绿色消费贷款来推动绿色消费；另一方面，各类金融机构作为中介机构发行绿色基金、绿色理财、绿色保险以及绿色信托等产品将资金配置到绿色债券、绿色股票等绿色金融产品，从而间接为企业提供了资金。其次是公众购买各种绿色金融产品作为资金的供给者为绿色投资直接或间接地为企业提供资金。最后是政府，政府一方面发起绿色发展基金筹集资金或投资到绿色金融产品或直接投资绿色企业或绿色技术为企业绿色投资提供资金；另一方面，政府通过税费补贴和提供担保直接为生产者提供资金或降低其绿色投资的成本。可见，绿色金融为绿色投资和绿色消费提供资金来拉动经济增长，一方面，绿色金融通过绿色金融产品的资金积累和形成机制实现其资金供给功能来推动经济增长；另一方面，绿色金融政策通过激励机制实现资金引导功能，政府作为资金供给者提供辅助和补充功能来帮助实现绿色金融，推动经济增长。

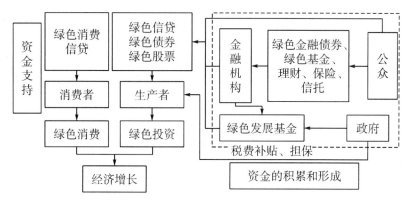

图 5-1　绿色金融推动经济增长的机理

（二）绿色金融推动产业结构升级的机理推导

国内外学者对绿色金融推动产业结构升级进行了较为全面和深入的研究。国外方面，学者们认为绿色金融推动产业结构升级的机制包括资金支持机制、资本配置机制（Raymond W. Goldsmith，1969；Rajan et al.，1998）、技术创新机制（Marcel Jeucken，2001）以及绿色金融政策的约束和激励机制（Berensniann et al.，2016）等。国内方面，学者们主要通过绿色金融参与主体（政府、企业、金融机构、公众）、微观要素（资本、人力、技术、信息等）（安伟，2008；陈伟光 等，2011；张平，2013）、绿色金融产品（信贷、债券、保险等）与产业生态化（产业整合、企业聚集、产业生态园）转型之间的联系来分析其作用机制（张璐，2019）。具体来说，绿色金融可能通过政府政策导向机制、资金形成机制、资金配置机制、技术创新机制、信息传导机制、产业整合机制、风险分配机制、人才培养机制（李健，2020）等促进产业结构升级。对效应的实证方面，主要是通过分析绿色信贷和绿色金融政策对产业结构升级的作用进行实证研究，陈伟光和胡当（2011）的实证结果指出自我国实施绿色信贷以来，产业升级效果不是很显著，且环境方面的信息不对称、法律制度不完善、监管的缺失是绿色信贷对产业优化升级作用不明显的原因。张光平等（2016）认为绿色信贷通过优化资源配置支持节能减排的效果日益显著，但对产业结构调整的力度相对偏弱。邱英杰和杨晓倩（2019）认为绿色信贷的发展优化了产业结构，使信贷资金脱离"高损耗、高污染、高资源依赖"的第一、第二产业，流向"节能环保、可持续发展"的第三产业。李毓等（2020）发现绿色信贷对产业结构的正向促进作用存在显著的地区差异，其蕴含的"倒逼"机制对第二产业结构升级有正向促进作用，却对第三产业的发展具有反向抑制作用。可见，绿色金融推动产业结构升级的作用越来越明显，而绿色信贷对产业结构合理化和高级化的影响最为典型（Aizawa et al.，2010；周月秋，2018）。

绿色金融尤其是绿色信贷通过资金配置机制、技术创新机制推动产业结构升级，而绿色金融政策起到引导、激励和约束参与主体的绿色行为的作用，帮助绿色金融更通畅更高效地推动产业结构升级，如图5-2所示。从绿色金融产品视角来看，绿色金融通过对绿色技术、绿色项目和绿色企业进行资金支持的同时，退出两高企业进行资金约束，实现绿色金融对绿色产业的资金配置功能。从绿色金融体系视角来看，首先，绿色认证、绿色评级和信息披露为绿色投资提供了具体的方向和目标，能很好地防止企业及金融机构的"漂绿"行为，以确保资金配置到绿色产业，也能帮助金融机构防范环境风险；其次，绿色考核、奖励机制和金融机构的信息披露可以有效地激励和约束金融机构开展绿色金融服务，不仅依靠声誉，还应从影响金融机构的利润来推动金融机构在绿色经济当中的媒介作用，为产业结构升级提供助力；最后，企业的环境信息披露、环境税费以及政府的补贴担保旨在激励和约束生产者和消费者进行绿色生产和绿色消费，从而推动产业结构升级。

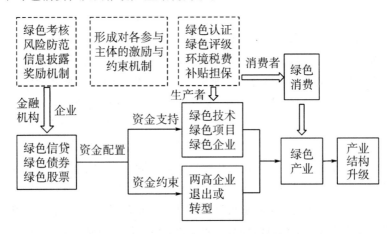

图5-2 绿色金融推动产业结构升级的机理

绿色金融推动企业绿色生产的机理，如图5-3所示。绿色投资、绿色消费以及环境权益市场是企业开展绿色生产的三大动力，绿色金融通过绿色金融产品的资金形成机制和资金配置机制推动绿色投资；建立和完善环境权益市场的用能权和排污权的交易形成激励机制；而绿色认证、绿色评级和信息披露、企业征信通过对企业排污耗能的约束来促进企业的绿色生产。同时，为了推动金融机构更好地提供绿色资金支持，一方面通过信息披露和绿色考核约束金融机构对两高企业提供服务，另一方面通过奖励机制、绿色评价以及央行货币政策激励金融机构积极主动地开展绿色金融服务。

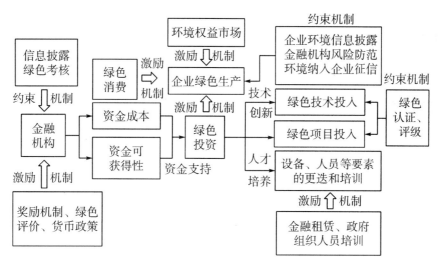

图 5-3　绿色金融推动企业绿色生产的机理

二、绿色金融推动环境高质量发展的机理推导

根据高质量发展水平测度，绿色系统的权重为 20.2%，绿色系统包括环境治理、环境质量、绿色生活和农地保护四个方面，其中环境质量的重要程度为56.3%，环境治理的重要程度为 26.7%，绿色生活为 10.8%，而农地保护为6.2%。可见，环境高质量发展是高质量发展的重要因素之一。"绿水青山"就是"金山银山"，绿色发展本身就是高质量发展的重要组成部分，同时好的生态环境也是推动高质量发展的生产要素之一。环境治理和环境质量以及绿色生活指向的都是能源节约和污染减排，而发展绿色金融正是为了实现节能减排。Omri（2015）认为，绿色金融有助于减少污染物排放，是决定区域环境质量的重要因素，即在绿色金融充分发挥作用的条件下，一国或地区金融发展程度越高，环境质量水平也更高。Gantman（2012）、Shahbaz 等（2013）、Lee（2015）认为，绿色金融能够促进技术创新，增加与环境保护相关的投资，进而改善环境质量。

无论是生产者和消费者的节能减排还是政府的环境治理都能提高环境质量，因此，绿色金融通过影响生产者、消费者和政府行为来实现能源的节约和污染的排放，最终优化环境。从生产者路径来看，绿色金融从政策和产品两方面将资金配置到绿色生产者手中支持其进行绿色技术的研发，购买节能减排的设备、生产节能减排的产品等，或通过环境权益交易市场在全社会范围内控制能源的使用和污染的排放；从消费者路径来看，绿色金融从价格补贴、消费信贷优惠、增加绿色信息的透明度等方式吸引消费者购买绿色产品来实现节能减排；从政府的路径来看，绿色金融体现的是政府的环保投入以进行环境治理，比如绿化建设能有效吸收污染气体的排放发挥碳汇功能，比如污水、固废等的处理，从而帮助提高环境质量（见图5-4）。

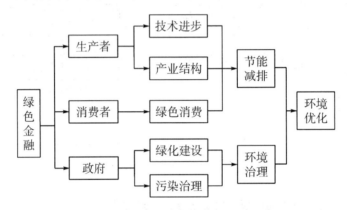

图5-4　绿色金融推动环境高质量发展的机理

三、绿色金融推动技术创新的机理推导

根据高质量发展水平测度，创新系统的权重为37.6%，创新系统包括创新资源、创新产出、创新绩效、创新环境四个方面，创新资源主要体现的是企业的技术研发投入，而创新环境体现的是政府的投入情况，创新产出和创新绩效体现的是技术研发数量和质量。其中对高质量发展最重要的是创新资源，其权重达到55.8%，其次是创新绩效，权重为26.3%。而创新产出和创新环境分别是12.2%和5.7%。可见，技术创新是高质量发展的重要因素之一，创新资源又是创新系统最重要的因素，而绿色金融正是为技术创新提供创新资源的。陈向阳（2020）认为，绿色技术创新是以减少能源消耗、降低污染排放为目的的，绿色技术创新体系是以企业的内部动力机制为内核，包括政府为主体的外部激励机制以及科研部门和金融机构的能力培育机制。在绿色技术创新体系中，绿色金融起着重要的作用，它通过渗透到创新体系的各行为主体中，对绿

色技术创新体系提供资金支持和平台支持①。绿色金融主要通过对绿色技术创新产生影响（见图5-5），主要体现在两个方面：一方面是金融市场提供资金支持；另一方面是政府为绿色技术创新提供金融保障。具体来说，在金融市场提供资金方面，首先是金融机构从传统金融方式比如绿色信贷、绿色票据的方式为企业的绿色技术创新提供资金支持；其次是资本市场通过绿色债券、绿色股票等方式为企业的绿色技术创新筹集长期资金和风险转移；更重要的是积极的金融创新在一定程度上解决了绿色技术创新的外部性，为资金供给者提供了风险防范的机制，比如绿色信贷资产证券化一定程度上转移了银行的信贷风险。在政府为绿色技术创新提供金融保障方面，首先是政府为绿色技术创新提供平台、资金支持、人员培训等，为企业开展绿色技术创新创造条件和机会；其次是政府完善金融市场发展的环境，为绿色技术创新提供激励机制和约束机制，将绿色技术创新的外部性内部化，比如政府提供税费补贴、信贷担保等。

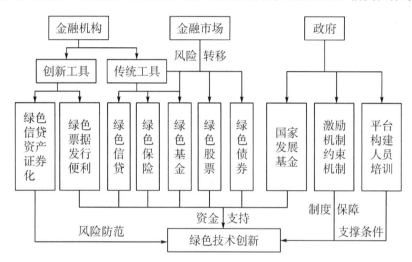

图 5-5　绿色金融推动绿色技术创新的机理

四、绿色金融推动高质量发展的机制和路径

（一）经济增长、技术以及环境之间相互协调、相互促进

Grossman 和 Krueger 认为经济增长通过规模效应、技术效应与结构效应三种途径影响环境质量。首先，经济增长会带来资源使用和污染排放的增加；其

---

① 陈向阳. 金融结构、技术创新与碳排放：兼论绿色金融体系发展 [J]. 广东社会科学，2020（4）：41-50.

次，经济增长也伴随着技术进步，而技术进步可以提高资源使用效率和降低污染的排放；最后，经济增长也会带来产业结构的优化，从而提高环境质量。而绿色金融的作用在于发挥规模效应的同时强化技术效应和结构效应的作用，更快更有效地提高环境质量，最终实现经济增长与环境质量之间的协调发展。因此，一方面，绿色金融主要通过绿色技术创新和产业结构优化的路径来推动高质量发展；另一方面，绿色金融政策通过激励和约束机制来推动绿色金融的各参与主体积极地参与绿色投融资、绿色消费等以推动绿色金融高质量地发展，从而保证绿色金融能有效地发挥其对高质量的主推功能。

（二）参与主体之间相互制约

绿色金融体系涉及的参与主体包括参与绿色投融资的供求双方和中介机构、参与绿色消费和投资的社会公众以及作为干预方的政府。从绿色经济的宏观视角来看，绿色消费制约着绿色投资，消费者越接受绿色产品，企业就越有绿色投资的动力，而企业越是积极地进行绿色生产，金融机构提供绿色金融服务就越有利可图。从绿色金融的微观视角来看，公众愿意投资绿色金融产品，金融机构就能筹集到更多的资金配置到绿色领域，从而促进企业进行绿色研发和绿色生产，形成市场机制下的良性循环。但绿色经济存在明显外部性，消费者、生产者以及金融机构之间往往形成相互制约的关系。而这个良性循环在价格机制下可以通过市场交易机制来实现的前提条件是尽可能地消除信息不对称、获得能被普遍接受的价格水平以实现各方都有利可图。因此，绿色金融推动高质量发展的机制可以概括为绿色金融推动绿色消费，绿色消费推动绿色投资，同时绿色金融推动绿色生产，绿色生产又促进绿色金融的发展，而具体的路径则包括信息完善路径、价格补贴路径、充分竞争路径等。

第六章　我国绿色金融推动高质量发展的实证分析

在高质量发展体系的六大板块当中，绿色金融主要通过经济、创新、绿色三大板块来推动高质量发展。因此，本章在我国绿色金融推动高质量发展的机理研究的基础上进行实证分析。而我国绿色金融体系主要包括绿色金融政策、绿色金融产品和环境权益市场。目前，环境权益市场的发展还处在初级阶段，绿色金融产品仍然是以绿色信贷为主，而绿色金融政策是具有明显外部性特征的绿色金融发展的主要动力。因此，本章选择绿色信贷和绿色金融政策作为绿色金融体系发展的指标，利用第四章高质量发展水平测度的方法和结果，将经济子系统、创新子系统和绿色子系统以及高质量发展综合评价作为高质量发展的指标，通过研究绿色信贷、绿色金融政策以及绿色金融体系对各子系统具体指标的影响来分析绿色金融推动高质量发展的效应和路径。

第一节　我国绿色信贷推动高质量发展的效应分析

本节将运用中介效应模型，实证研究我国绿色信贷投放对高质量发展的作用机制，并探究绿色信贷推动高质量发展的效应和路径。

一、中介效应模型构建

（一）模型介绍

若自变量 X 通过影响变量 M 来影响因变量 Y，则称 M 为中介变量。中介效应路径示意图如图 6-1 所示，其中 c 称为 X 对 Y 的总效应，c' 称为 X 对 Y 的直接效应，a 为 X 作用于 M 的路径效应系数，b 为 M 作用于 Y 的路径效应系数，$a \times b$ 称为 X 经过中介变量 M 作用于 Y 的间接效应，也称为中介效应，三者之间满足：$c = c' + a \times b$。c 值越大，则 X 对 Y 的影响越大，$a \times b$ 值越大，则中介效应越大。

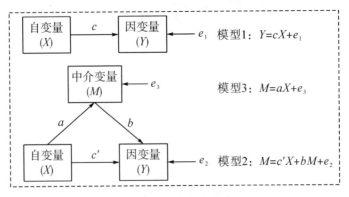

图 6-1　中介效应模型

中介效应模型检验程序如图 6-2 所示，第一步检验系数 c 是否显著。若 c 不显著，则表明自变量 X 对因变量 Y 没有影响，终止分析；若 c 显著，则表明 X 对 Y 有影响作用，从而可以进一步探索具体的作用机制或路径。第二步检验系数 a 和系数 b 是否显著，若两者均显著，或两者至少有一个不显著，但 Sobel 检验显著，则存在中介效应，即 M 是 X 作用于 Y 的一个路径，否则不存在中介效应。

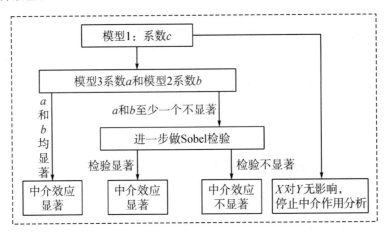

图 6-2　中介效应检验程序

若存在多个中介变量，且这些中介变量表现出先后顺序性特征，呈现中介链，则称存在链式多重中介效应，如图 6-3 所示。

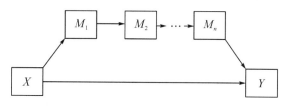

图 6-3   链式多重中介效应

（二）指标选取

本模型的自变量 X 为绿色信贷，因变量 Y 为高质量发展。根据高质量发展指标体系评价准则及绿色金融推动高质量发展的理论基础和机理研究，绿色信贷主要通过经济系统、创新系统及绿色系统作用于高质量发展，因此，选取经济系统、创新系统和绿色系统作为绿色信贷影响高质量发展的中介变量 M_1、M_2 和 M_3，同时，选取经济规模和产业结构作为绿色信贷影响经济系统的中介变量 M_{11} 和 M_{12}，选取创新产出为绿色信贷影响创新系统的中介变量 M_{21}，选取环境治理、环境质量、绿色生活和农地保护为绿色信贷影响绿色系统的中介变量 M_{31}、M_{32}、M_{33} 和 M_{34}，具体如表 6-1 所示。

表 6-1   研究指标体系概览

因变量	一级中介变量	二级中介变量	自变量
高质量发展 Y	经济系统 M_1	经济规模 M_{11}	绿色信贷 X
		产业结构 M_{12}	
	创新系统 M_2	创新产出 M_{21}	
	绿色系统 M_3	环境治理 M_{31}	
		环境质量 M_{32}	
		绿色生活 M_{33}	
		农地保护 M_{34}	

（三）数据来源及处理

本节采用第四章表 4-18 中 2011—2019 年高质量发展综合水平测度值作为 Y 的指标值，经济系统、创新系统和绿色系统三个子系统的水平测度值作为 M_1、M_2 和 M_3 的指标值，二级中介变量 M_{jk} 的指标数值也在第四章得出，即对应指标层各指标数据的算术平均值。因为被解释变量和中介变量值均无量纲，因此，采用表 3-1 中 2011—2019 年我国绿色信贷规模数据，也对其进行最大最小化处理消除量纲，所得新数据作为 X 的指标值。全部数据如表 6-2 所示。

表 6-2　各指标变量 2011—2019 年数据

变量	2011	2012	2013	2014	2015	2016	2017	2018	2019
X	0.000	0.116	0.172	0.305	0.470	0.553	0.483	0.672	1.000
M_1	0.381	0.377	0.425	0.455	0.521	0.569	0.602	0.633	0.709
M_2	0.429	0.506	0.559	0.581	0.618	0.690	0.772	0.864	0.937
M_3	0.651	0.690	0.734	0.760	0.802	0.833	0.854	0.878	0.902
Y	0.487	0.523	0.562	0.580	0.624	0.678	0.724	0.773	0.824
M_{11}	0.441	0.365	0.389	0.384	0.384	0.400	0.450	0.481	0.500
M_{12}	0.319	0.402	0.502	0.584	0.756	0.850	0.857	0.876	1.000
M_{21}	0.254	0.335	0.416	0.476	0.564	0.679	0.740	0.892	0.953
M_{31}	0.723	0.771	0.825	0.840	0.809	0.731	0.655	0.663	0.659
M_{32}	0.701	0.738	0.775	0.803	0.878	0.938	0.976	0.991	1.000
M_{33}	0.557	0.635	0.704	0.763	0.779	0.870	0.958	0.955	0.996
M_{34}	0.058	0.000	0.018	0.033	0.122	0.263	0.429	0.649	0.900

二、绿色信贷助推高质量发展的实证分析

（一）绿色信贷对高质量发展的总效应分析

对绿色信贷 X 与高质量发展 Y 之间的作用关系进行回归显著性检验，所得结果如图 6-4 所示。绿色信贷对高质量发展的总效应为 0.359，检验显著，说明绿色信贷投放对高质量发展有一定的正向影响，随着绿色信贷投放的规模每增加 1 个统计单位，高质量发展的水平会随之提升 0.359 个统计单位。

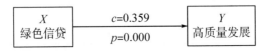

图 6-4　绿色信贷对高质量发展的直接效应检验结果

（二）绿色信贷对各子系统的中介效应分析

1. 经济系统的中介效应分析

首先，分析绿色信贷对经济系统的中介效用；其次，分析绿色信贷影响经济系统具体指标作用于经济系统的中介效应。

（1）绿色信贷对经济系统的中介效应分析。绿色信贷 X 对经济系统 M_1 的中介效应检验结果如图 6-5 所示。a 和 b 均显著，说明中介效应显著，即绿色

信贷对经济系统存在显著的正向效应，效应值为0.369，绿色信贷通过作用于经济系统而作用于高质量发展的中介传导路径显著，中介效应值为0.355（0.369×0.961）。也就是说绿色信贷投放每增加一个统计单位，经济系统的水平值会随之增加0.369个统计单位，经济系统在绿色信贷作用下每增加一个统计单位，高质量发展的水平值会随之增加0.961个统计单位，从而绿色信贷投放每增加一个统计单位，通过 $X \rightarrow M_1 \rightarrow Y$ 这一传导路径，高质量发展的水平值间接增加0.355个统计单位。

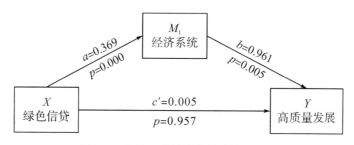

图6-5　经济系统的中介效应检验结果

（2）绿色信贷分别对经济系统的经济规模 M_{11} 和产业结构 M_{12} 进行中介效应分析，所得结果如图6-6和图6-8所示。

①在经济规模路径方面。a 和 b 均不显著，进行Sobel检验，所得 $p=0.170>0.05$，Sobel检验不显著，表明经济规模的中介效应不显著，即绿色信贷通过影响经济规模而影响经济系统的中介传导路径不显著。对绿色信贷和经济规模数据画 X-Y 轴线图，如图6-7所示。在期初，绿色信贷对经济规模增长起抑制作用，但当绿色信贷规模达到一定积累时，绿色信贷对经济规模增长的促进作用逐步显现，这也印证了我国绿色信贷与经济增长符合环境库兹涅茨曲线的研究。因此，在考察期绿色信贷对经济规模的促进作用被抑制作用中和，整体作用就不是很显著，但长期来看，绿色信贷对经济规模的效应将越来越显著为正。

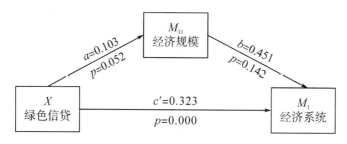

图6-6　经济系统之经济规模的中介效应检验结果

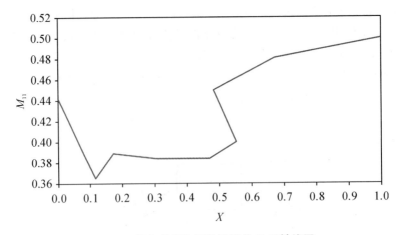

图 6-7　绿色信贷和经济规模的 X-Y 轴线图

②在产业结构路径方面。a 非常显著，b 不是很显著，从而对 b 进行 Sobel 检验，所得 $p=0.047<0.05$，Sobel 检验显著，表明产业结构的中介效应显著，即绿色信贷对产业结构存在显著的正向效应，效应值为 0.735，绿色信贷通过促进产业结构优化升级从而促进经济系统水平提升的中介传导路径效应显著，中介效应值为 0.197（0.735×0.268）。也就是说，绿色信贷投放每增加一个统计单位，产业结构的水平值会随之增加 0.735 个统计单位，产业结构在绿色信贷作用下每增加一个统计单位，经济系统的水平值会随之增加 0.268 个统计单位，从而绿色信贷投放每增加一个统计单位，通过 $X{\rightarrow}M_{12}{\rightarrow}M_1$ 这一传导路径，经济系统的水平值间接增加 0.197 个统计单位。

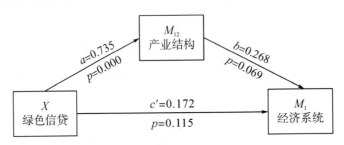

图 6-8　经济系统之产业结构的中介效应检验结果

2. 创新系统的中介效应分析

首先分析绿色信贷对创新系统的中介效应，其次分析绿色信贷影响创新系统具体指标作用于经济系统的中介效应。

（1）绿色信贷对创新系统的中介效应分析。绿色信贷 X 对创新系统 M_2 进行中介效应检验，所得结果如图 6-9 所示。a 和 b 均显著，说明中介效应显著，即绿色信贷对创新系统存在显著的正向效应，效应值为 0.520，绿色信贷通过作用于创新系统而作用于高质量发展的中介传导路径显著，中介效应值为 0.315（0.520×0.606）。也就是说，绿色信贷投放每增加一个统计单位，创新系统的水平值会随之增加 0.520 个统计单位，创新系统在绿色信贷作用下每增加一个统计单位，高质量发展的水平值会随之增加 0.606 个统计单位，从而绿色信贷投放每增加一个统计单位，通过 $X \to M_2 \to Y$ 这一传导路径，高质量发展的水平值间接增加 0.315 个统计单位。

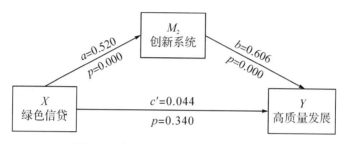

图 6-9　创新系统的中介效应检验结果

（2）绿色信贷对创新系统的创新产出的中介效应分析，所得结果如图 6-10 所示。a 和 b 均显著，说明中介效应显著，即绿色信贷对创新产出存在显著的正向效应，效应值为 0.757，创新产出作为绿色信贷影响创新系统的中介变量，中介效应显著，中介效应值为 0.522（0.757×0.690）。也就是说，绿色信贷投放每增加一个统计单位，创新产出的水平值会随之增加 0.757 个统计单位，创新产出在绿色信贷作用下每增加一个统计单位，创新系统的水平值会随之增加 0.690 个统计单位，从而绿色信贷投放每增加一个统计单位，通过 $X \to M_{21} \to M_2$ 这一传导路径，创新系统的水平值间接增加 0.522 个统计单位，稍大于绿色信贷对创新系统的总效应（0.520）。这也是本书只选择了创新产出作为绿色信贷作用于创新系统的指标的主要原因，即绿色信贷主要是通过创新产出路径影响创新系统从而作用于高质量发展的。

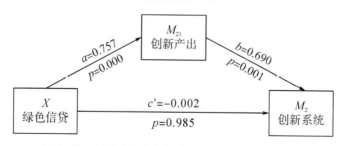

图 6-10　创新系统之创新产出的中介效应检验结果

3. 绿色系统的中介效应分析

首先分析绿色信贷对绿色系统的中介效应，其次分析绿色信贷影响绿色系统具体指标作用于绿色系统的中介效应。

（1）绿色信贷对绿色系统的中介效应分析。绿色信贷 X 对绿色系统 M_3 进行中介效应检验，所得结果如图 6-11 所示。a 和 b 均显著，说明中介效应显著，即绿色信贷对绿色系统存在显著的正向效应，效应值为 0.266，绿色信贷通过作用于绿色系统而作用于高质量发展的中介传导路径显著，中介效应值为 0.237（0.266×0.891）。也就是说，绿色信贷投放每增加一个统计单位，绿色系统的水平值会随之增加 0.266 个统计单位，绿色系统在绿色信贷作用下每增加一个统计单位，高质量发展的水平值会随之增加 0.891 个统计单位，从而绿色信贷投放每增加一个统计单位，通过 $X \rightarrow M_3 \rightarrow Y$ 这一传导路径，高质量发展的水平值间接增加 0.237 个统计单位。

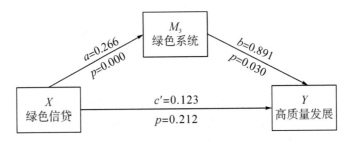

图 6-11　绿色系统的中介效应检验结果

（2）绿色信贷对绿色系统的环境治理 M_{31}、环境质量 M_{32}、绿色生活 M_{33} 和农地保护 M_{34} 的中介效应分析，所得结果汇总如表 6-3 所示。

表 6-3　绿色系统之环境治理、环境质量、绿色生活和农地保护的

中介效应检验结果汇总

中介模型	回归系数	a	b	c'
$X \rightarrow M_{31} \rightarrow M_3$	Coefficient	−0.136	−0.058	0.258
	p	0.106	0.757	0.001
$X \rightarrow M_{32} \rightarrow M_3$	Coefficient	0.345	0.563	0.072
	p	0.000	0.001	0.070

表6-3(续)

中介模型	回归系数	a	b	c'
$X \longrightarrow M_3$ (含 M_{33})	Coefficient	0.457	0.419	0.074
	p	0.000	0.001	0.055
$X \longrightarrow M_3$ (含 M_{34})	Coefficient	0.942	-0.015	0.280
	p	0.001	0.859	0.016

环境治理路径方面，环境治理 M_{31} 作为绿色信贷 X 作用于绿色系统 M_3 的中介变量，a 和 b 均为负值，且均不显著，进行 Sobel 检验，所得 $p = 0.750$，也不显著，说明中介效应不显著。对绿色信贷和环境治理做 $X-Y$ 轴线图，如图 6-12 所示。初期环境治理效率随着绿色信贷投放的增加而有所提升，但达到一定水平后，环境治理效率反而下降，即随着绿色信贷投放的增加，环境治理效率期初有短暂提升，但很快下降，绿色信贷未能通过持续促进环境治理而提升绿色系统水平。

环境质量路径方面，环境质量 M_{32} 作为绿色信贷 X 作用于绿色系统 M_3 的中介变量，a 和 b 均显著为正，说明中介效应显著，即随着绿色信贷投放的增加，环境质量显著改善，并由此提升绿色系统水平，绿色信贷对环境质量的效应值为 0.345，环境质量的中介效应值为 0.194（0.345×0.563）。

绿色生活路径方面，绿色生活 M_{33} 作为绿色信贷 X 作用于绿色系统 M_3 的中介变量，a 和 b 均显著为正，说明中介效应显著，即随着绿色信贷投放的增加，人们的绿色生活质量显著改善，并由此提升绿色系统水平，绿色信贷对绿色生活的效应值为 0.457，环境质量的中介效应值为 0.192（0.457×0.419）。

农业保护路径方面，农地保护 M_{34} 作为绿色信贷 X 作用于绿色系统 M_3 的中介变量，a 显著为正，b 为负，且不显著，对 b 值进行 Sobel 检验，所得 $p = 0.853$，不显著，说明中介效应不显著，即随着绿色信贷投放的增加，农地保护程度明显随之加强，效应值达 0.942，但农地保护增强未能有效提升整个绿色系统水平。

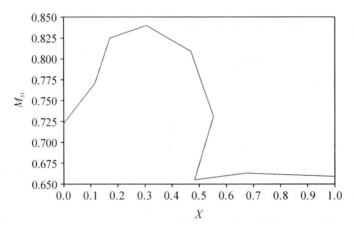

图 6-12　绿色信贷和环境治理的 X-Y 轴线图

（三）经济系统、创新系统和绿色系统的链式多重中介效应分析

通过简单的中介效应分析，我们证实了经济系统、创新系统和绿色系统作为绿色信贷影响高质量发展的中介变量效应显著，即 M_1、M_2 和 M_3 成为 X 作用于 Y 的中介传导路径。为了进一步研究绿色信贷作用于高质量发展的经济系统、创新系统和绿色系统之间的相互关系，采用链式多重中介效应分析来判断是否存在链式中介传导路径。因为绿色信贷作用于高质量发展的总效应为 0.339 3，即各路径的效应值总和等于 0.339 3，所以总效应分散于各路径的效应值必然更小，在链式多重中介效应检验中，会加大每一条路径检验不显著的可能性，从而得出错误结论。因此，链式多重中介效应检验以多步骤的简单中介效应检验替代完成。

1. 经济系统和创新系统的链式多重中介效应分析

在我们已经证实了 $X{\rightarrow}M_1{\rightarrow}Y$ 和 $X{\rightarrow}M_2{\rightarrow}Y$ 的中介传导效应显著的基础上，可以通过检验 $X{\rightarrow}M_1{\rightarrow}M_2$ 和 $X{\rightarrow}M_2{\rightarrow}M_1$ 的中介传导效应是否显著来检验 $X{\rightarrow}M_1{\rightarrow}M_2{\rightarrow}Y$ 和 $X{\rightarrow}M_2{\rightarrow}M_1{\rightarrow}Y$ 链式中介传导效应是否显著。检验结果如表 6-4 所示。$X{\rightarrow}M_1{\rightarrow}M_2$ 和 $X{\rightarrow}M_2{\rightarrow}M_1$ 中介传导路径中，两者的 a 值均显著，两者的 b 值均不是很显著，对 b 值进行 Sobel 检验，分别得 $p=0.018$ 和 $p=0.019$，Sobel 检验均显著，表明 $X{\rightarrow}M_1{\rightarrow}M_2$ 和 $X{\rightarrow}M_2{\rightarrow}M_1$ 中介传导效应均显著，因此得出 $X{\rightarrow}M_1{\rightarrow}M_2{\rightarrow}Y$ 和 $X{\rightarrow}M_2{\rightarrow}M_1{\rightarrow}Y$ 链式中介传导效应均显著，即绿色信贷投放规模增加能够促进经济系统水平的提高，经济系统水平的提高能够有效促进创新系统水平的提高；同时，绿色信贷投放规模的增加能够促进创新系统水平的提高，创新系统水平的提高也能够有效促进经济系统水平的提高；创新

系统和经济系统作为绿色信贷作用于高质量发展的中介变量，两者相互促进，并共同促进高质量发展。

表6-4　经济系统和创新系统相互作用的中介效应检验

中介模型	回归系数	a	b	c'
$X \to M_1$, $X \to M_2$	Coefficient	0.369	1.222	0.069
	p	0.000	0.051	0.729
$X \to M_2$, $X \to M_1$	Coefficient	0.520	0.406	0.158
	p	0.000	0.051	0.134

2. 经济系统和绿色系统的链式多重中介效应分析

在我们已经证实了 $X \to M_1 \to Y$ 和 $X \to M_3 \to Y$ 两条路径显著的基础上，通过检验 $X \to M_1 \to M_3$ 和 $X \to M_3 \to M_1$ 是否显著来达到检验 $X \to M_1 \to M_3 \to Y$ 和 $X \to M_3 \to M_1 \to Y$ 链式多重中介效应是否显著。检验结果如表6-5所示：$X \to M_1 \to M_3$ 和 $X \to M_3 \to M_1$ 中介传导路径中，两者的 a 值和 b 值均显著，表明 $X \to M_1 \to M_3 \to Y$ 和 $X \to M_3 \to Y$ 中介传导路径均显著，因此可以得出 $X \to M_1 \to M_3 \to Y$ 和 $X \to M_3 \to M_1 \to Y$ 链式中介传导效应均显著，即绿色信贷投放规模的增加能够促进经济系统水平的提高，经济系统水平的提高能够有效促进绿色系统的发展；绿色信贷投放规模的增加能够有效促进绿色系统的发展，绿色系统的发展亦能有效促进经济系统水平的提高；经济系统和绿色系统作为绿色信贷作用于高质量发展的中介变量，两者相互促进，并共同促进高质量发展。

表6-5　经济系统和绿色系统相互作用的中介效应检验

中介模型	回归系数	a	b	c'
$X \to M_1$, $X \to M_3$	Coefficient	0.369	−0.674	0.017
	p	0.000	0.044	0.871
$X \to M_3$, $X \to M_1$	Coefficient	0.266	0.768	0.165
	p	0.000	0.044	0.099

3. 创新系统和绿色系统的链式多重中介效应分析

在我们已经证实了 $X \to M_2 \to Y$ 和 $X \to M_3 \to Y$ 两条路径显著的基础上，通过检验 $X \to M_2 \to M_3$ 和 $X \to M_3 \to M_2$ 是否显著来达到检验 $X \to M_2 \to M_3 \to Y$ 和 $X \to M_3 \to M_2 \to Y$ 链式多重中介效应是否显著。检验结果如表6-6所示：$X \to M_2 \to$

M_3 和 $X{\rightarrow}M_3{\rightarrow}M_2$ 中介传导路径中，两者的 a 值均显著，两者的 b 值均不显著，对 b 值进一步调用 Sobel 检验，分别得 $p=0.056$ 和 $p=0.057$，Sobel 检验均不显著，表明 $X{\rightarrow}M_2{\rightarrow}M_3$ 和 $X{\rightarrow}M_3{\rightarrow}M_2$ 中介传导效应不显著，因此得出 $X{\rightarrow}M_2{\rightarrow}M_3{\rightarrow}Y$ 和 $X{\rightarrow}M_3{\rightarrow}M_2{\rightarrow}Y$ 链式中介传导效应均不显著，即绿色信贷投放规模的增加能够有效促进创新系统水平的提高，但创新系统水平的提高未能有效促进绿色系统的发展，这与选用创新产出作为创新系统的指标有一定的关系，也意味着绿色信贷通过绿色技术推动绿色发展的路径不通畅；同时，绿色信贷投放的增加能够有效促进绿色系统的发展，但绿色系统的发展未能有效促进创新系统水平的提高。创新系统和绿色系统作为绿色信贷作用于高质量发展的中介传导路径，两者呈现并行式发展的关系。

表 6-6　绿色系统和创新系统相互作用的中介效应检验

中介模型	回归系数	a	b	c'
$X{\longrightarrow}M_2$ M_3	Coefficient	0.520	0.337	0.090
	p	0.000	0.098	0.373
$X{\longrightarrow}M_3$ M_2	Coefficient	0.266	1.157	0.213
	p	0.000	0.098	0.244

三、小结

分别通过绿色信贷对高质量发展的总效应、绿色信贷对子系统的中介效应以及子系统之间的链式多重中介效应的实证分析，我们得出以下结论：

（1）绿色信贷对高质量发展有显著的正向作用。绿色信贷投放的规模每增加 1，高质量发展的水平会提升 0.359。

（2）绿色信贷通过作用于经济系统、创新系统和绿色系统而作用于高质量发展的中介传导路径 $X{\rightarrow}M_1{\rightarrow}Y$、$X{\rightarrow}M_2{\rightarrow}Y$ 和 $X{\rightarrow}M_3{\rightarrow}Y$ 均显著。绿色信贷作用于经济系统、创新系统和绿色系统的效应系数分别为 0.369、0.520 和 0.266，可见，绿色信贷对创新系统的作用最大，而对绿色系统的作用较弱；经济系统、创新系统和绿色系统作用于高质量发展的效应系数分别为 0.961、0.606 和 0.891，可见，经济系统对高质量发展的贡献最大，绿色系统次之，创新系统最弱；经济系统、创新系统和绿色系统作为绿色信贷作用于高质量发展的中介路径，中介效应值分别为 0.355（0.369×0.961）、0.315（0.520×

0.606）和 0.237（0.266×0.891），可见，经济系统对绿色信贷作用于高质量发展的传导效应是最强的，创新系统次之，而绿色系统的这种传导效应相对较弱。总体而言，绿色信贷通过创新系统和绿色系统对高质量发展的传导效应不如经济系统。

（3）绿色信贷主要通过促进产业结构的优化达到促进经济系统水平的提升，对经济规模的作用短期是抑制，长期将转变为促进作用；通过促进创新产出达到提升创新系统水平的目的；通过提升环境质量和推广绿色生活达到提升绿色系统水平的目的。

（4）绿色信贷通过作用于经济系统、创新系统和绿色系统助推高质量发展的链式中介传导路径部分显著。经济系统和创新系统之间显著相互促进；经济系统和绿色系统之间亦显著互相促进；而创新系统和绿色系统之间的作用不显著，可见绿色技术创新较为薄弱，同时绿色信贷对绿色技术创新的传导机制并未形成。

因此，可归纳绿色信贷作用于高质量发展的显著的链式中介传导路径有六条：$X \rightarrow M_1 \rightarrow M_3 \rightarrow Y$、$X \rightarrow M_3 \rightarrow M_1 \rightarrow Y$、$X \rightarrow M_1 \rightarrow M_2 \rightarrow Y$、$X \rightarrow M_2 \rightarrow M_1 \rightarrow Y$、$X \rightarrow M_2 \rightarrow M_1 \rightarrow M_3 \rightarrow Y$ 和 $X \rightarrow M_3 \rightarrow M_1 \rightarrow M_2 \rightarrow Y$。综上所述，绿色信贷作用于高质量发展的所有显著的中介路径如图 6-13 所示。

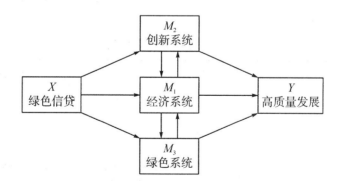

图 6-13　绿色信贷作用于高质量发展的效应路径

第二节　我国绿色金融政策对高质量发展的效应分析

石华平（2020）认为环境规制对高质量发展存在显著的促进作用，环境规制通过市场准入、技术标准和排放许可等方式激励企业自主创新，是贯彻新发展理念、转变新发展方式、转换新增长动能的重要政策举措。可见，绿色金融政策对高质量发展也有明显的促进作用。因此，本书同样通过中介效应模型来研究我国绿色金融政策对高质量发展的作用机制，并探究产生这个作用机制的效应和路径。

一、绿色金融政策助推高质量发展的中介效应模型构建

我国的绿色金融发展是一种"自上而下"的模式，因此绿色金融政策是绿色金融发展以及绿色金融功能发挥的关键因素之一。绿色金融政策也是助推高质量发展的重要动力。

（一）指标选取

在绿色金融政策助推高质量发展的中介效应模型当中，自变量 X 为绿色金融政策，因变量和各级中介变量同绿色信贷对高质量发展的效应分析时指标的选取一样，具体如表6-7所示。

表6-7　研究指标体系概览

因变量	一级中介变量	二级中介变量	自变量
高质量发展 Y	经济系统 M_1	经济规模 M_{11}	绿色金融政策 X
		产业结构 M_{12}	
	创新系统 M_2	创新产出 M_{21}	
	绿色系统 M_3	环境治理 M_{31}	
		环境质量 M_{32}	
		绿色生活 M_{33}	
		农地保护 M_{34}	

（二）数据来源及处理

以绿色金融政策的数量作为自变量绿色金融政策（X）的指标，考虑到绿色金融政策一经颁布，效应会一直存在直到政策废除，且绿色金融政策颁布的

数量越多，绿色金融政策体系越趋完善，政策执行越能落地，效应就会越大。因此，本节以绿色金融政策颁布的累计数量对 X 进行量化，如表 6-8 所示，而因变量和各级中介变量值均无量纲，因此，也对其进行最大最小化处理消除量纲，所得新数据作为 X 的指标值，代表绿色金融政策体系的完善程度。

表 6-8　2011—2019 年绿色金融政策颁布数量

年份	顶层相关政策文件	专项政策文件	累计政策数量	最大最小化处理
2011	3	1	4	0.000
2012	4	6	14	0.105
2013	0	5	19	0.158
2014	3	7	29	0.263
2015	3	7	39	0.368
2016	7	14	60	0.589
2017	4	15	79	0.789
2018	4	7	90	0.905
2019	1	8	99	1.000

二、我国绿色金融政策助推高质量发展的实证分析

（一）我国绿色金融政策推动高质量发展的总效应分析

对绿色金融政策 X 与高质量发展 Y 之间的作用关系进行回归显著性检验，所得结果如图 6-14 所示。绿色金融政策对高质量发展的总效应为 0.312，检验显著，说明绿色金融政策对高质量发展有一定的正向影响，随着绿色金融政策体系的完善度每提升一个统计单位，高质量发展的水平随之提升 0.312 个统计单位。

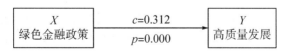

图 6-14　绿色金融政策对高质量发展的总效应检验结果

（二）绿色金融政策对各子系统的中介效应分析

1. 经济系统的中介效应分析

首先分析绿色金融政策对经济系统的中介效应，其次分析绿色金融政策影响经济系统具体指标作用于经济系统的中介效应。

（1）绿色金融政策对经济系统的中介效应分析。绿色金融政策 X 对经济系统 M_1 的中介效应检验，所得结果如图6-15所示。a 很显著，b 不是很显著，对 b 值进一步做 Sobel 检验，得 $p=0.029<0.05$，说明中介效应显著，即绿色金融政策对经济系统有一个正向的显著效应，效应值为0.314，由此传导至高质量发展的间接效应显著，间接效应值为0.121（0.314×0.384）。也就是说，绿色金融政策体系的完善度每增加一个统计单位，经济系统的水平值会随之增加0.314个统计单位，经济系统在绿色信贷作用下每增加一个统计单位，高质量发展的水平值会随之增加0.384个统计单位，从而绿色金融政策体系的完善度每增加一个统计单位，通过 $X \to M_1 \to Y$ 这一传导路径，高质量发展的水平值间接增加0.121个统计单位。

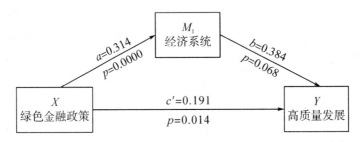

图6-15　经济系统的中介效应检验结果

（2）绿色金融政策分别对济系统的经济规模 M_{11} 和产业结构 M_{12} 进行中介效应分析，所得结果如图6-16和6-18所示。

①经济规模路径方面。a 显著，b 不显著，对 b 值进行 Sobel 检验，所得 $p=0.989>0.05$，Sobel 检验不显著，即绿色金融政策通过作用于经济规模而作用于经济系统的间接效应不显著。从 a 和 b 值来看，a 值为0.098，b 值为0.013，可见，绿色金融政策对经济规模的效应虽然显著为正，但效应非常小，也导致传导至高质量发展的间接效应更小，接近0。绿色金融政策和经济规模数据画 X-Y 线图，得到结果如图6-17所示。在期初，绿色金融政策对经济规模增长起抑制作用，但随着绿色金融政策体系越趋完善，绿色金融政策对经济规模增长的促进作用逐步显现并加强。考察期内绿色金融政策对经济规模的促进作用被抑制作用中和一部分，整体作用微弱为正，长期来看，绿色金融政策对经济规模的正向效应将越来越大，传导至高质量发展的间接效应将变得显著。

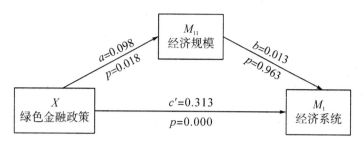

图 6-16　经济系统之经济规模的中介效应检验结果

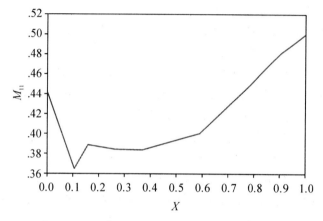

图 6-17　绿色金融政策和经济规模的 X-Y 线图

②产业结构路径方面。a 显著，b 不是很显著，对 b 值进一步做 Sobel 检验，得 $p=0.024<0.05$，Sobel 检验显著，说明中介效应显著，即绿色金融政策推动了产业结构的优化升级，对产业结构的效应值为 0.615，由此传导至整个经济系统的间接效应显著，间接效应值为 0.122（0.615×0.199）。也就是说，绿色金融政策体系的完善度每增加一个统计单位，产业结构的水平值会随之增加 0.615 个统计单位，产业结构在绿色信贷作用下每增加一个统计单位，经济系统的水平值会随之增加 0.199 个统计单位，从而绿色金融政策体系的完善度每增加一个统计单位，通过 $X{\rightarrow}M_{12}{\rightarrow}M_1$ 这一传导路径，经济系统的水平值间接增加 0.122 个统计单位。

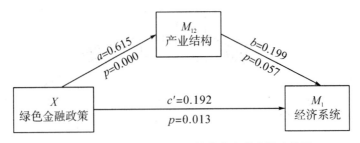

图 6-18 经济系统之产业结构的中介效应检验结果

2. 创新系统的中介效应分析

首先分析绿色金融政策对创新系统的中介效应，其次分析绿色金融政策影响创新系统具体指标作用于创新系统的中介效应。

（1）绿色金融政策对创新系统的中介效应分析。绿色金融政策 X 对创新系统 M_2 进行中介效应检验，所得结果如图 6-19 所示。a 和 b 均显著，说明中介效应显著，即绿色金融政策对创新系统有一个正向的显著效应，效应值为 0.452，绿色金融政策通过作用于创新系统而作用于高质量发展的中介传导路径显著，中介效应值为 0.175（0.452×0.387）。也就是说，绿色金融政策体系完善度每增加一个统计单位，创新系统的水平值会随之增加 0.452 个统计单位，创新系统在绿色信贷作用下每增加一个统计单位，高质量发展水平值会随之增加 0.387 个统计单位，从而绿色金融政策体系完善度每增加一个统计单位，通过 $X{\rightarrow}M_2{\rightarrow}Y$ 这一传导路径，高质量发展的水平值间接增加 0.175 个统计单位。

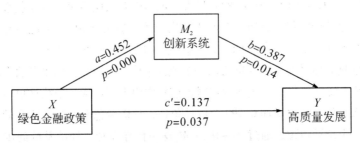

图 6-19 创新系统的中介效应检验结果

（2）绿色金融政策对创新系统的创新产出的中介效应分析，所得结果如图 6-20 所示，a 显著，b 不是很显著，进一步做 Sobel 检验，得 $p = 0.033 < 0.05$，说明中介效应显著，即绿色金融政策对创新产出存在显著的正向效应，效应值为 0.654，创新产出作为绿色金融政策影响创新系统的中介变量，中介效应显著，中介效应值为 0.342（0.654×0.523）。也就是说，绿色金融政策体

系完善度每增加一个统计单位，创新产出的水平值会随之增加 0.342 个统计单位，创新产出在绿色信贷作用下每增加一个统计单位，创新系统的水平值会随之增加 0.523 个统计单位，从而绿色金融政策体系完善度每增加一个统计单位，通过 $X \rightarrow M_{21} \rightarrow M_2$ 这一传导路径，创新系统的水平值间接增加 0.342 个统计单位。

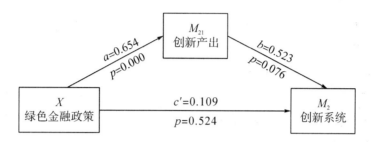

图 6-20　创新系统之创新产出的中介效应检验结果

3. 绿色系统的中介效应分析

首先分析绿色金融政策对绿色系统的中介效应，其次分析绿色金融政策影响绿色系统具体指标作用于绿色系统的中介效应。

（1）绿色金融政策对绿色系统的中介效应分析。绿色金融政策对绿色系统 M_3 的中介效应检验，所得结果如图 6-21 所示。a 和 b 均显著，即绿色金融政策对绿色系统有一个显著的正向效应，效应值为 0.227，绿色系统作为绿色金融政策作用于高质量发展的中介变量，中介效应显著，中介效应值为 0.165（0.227×0.725）。也就是说，绿色金融政策体系完善度每增加一个统计单位，绿色系统的水平值会随之增加 0.227 个统计单位，绿色系统在绿色信贷作用下每增加一个统计单位，高质量发展的水平值会随之增加 0.725 个统计单位，从而绿色金融政策体系完善度每增加一个统计单位，通过 $X \rightarrow M_3 \rightarrow Y$ 这一传导路径，高质量发展的水平值间接增加 0.165 个统计单位。

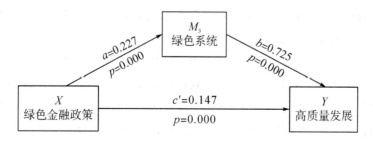

图 6-21　绿色系统的中介效应检验结果

（2）绿色金融政策分别对绿色系统的环境治理 M_{31}、环境质量 M_{32}、绿色生活 M_{33} 和农地保护 M_{34} 的中介效应分析，所得主要结果汇总如表6-9所示。

表6-9 绿色系统之环境治理、环境质量、绿色生活和农地保护的中介效应检验结果汇总

中介模型	回归系数	a	b	c'
M_{31} $X \longrightarrow M_3$	Coefficient	−0.149	0.394	0.286
	p	0.020	0.002	0.000
M_{32} $X \longrightarrow M_3$	Coefficient	0.306	0.688	0.016
	p	0.000	0.017	0.811
M_{33} $X \longrightarrow M_3$	Coefficient	0.407	0.517	0.016
	p	0.000	0.017	0.812
M_{34} $X \longrightarrow M_3$	Coefficient	0.816	−0.123	0.328
	p	0.001	0.083	0.001

①环境治理路径方面。环境治理 M_{31} 作为绿色金融政策 X 作用于绿色系统 M_3 的中介变量，a 和 b 均显著，但 a 为负值，$a×b$ 为负值。通过对绿色金融政策和环境治理做 $X-Y$ 线，得到结果如图6-22所示，初期环境治理水平随着绿色金融政策的颁布有所提升，但后期该趋势并未持续，且呈下降趋势，导致整个考察期内，绿色金融政策对环境治理的效应显著为负，即随着绿色金融政策体系的完善，环境治理水平未能随之持续有效提升，绿色金融政策不仅未能通过持续促进环境治理而提升绿色系统水平，反倒绿色金融政策对绿色系统的正向效应被环境治理有所遮掩。

②环境质量路径方面。环境质量 M_{32} 作为绿色金融政策 X 作用于绿色系统 M_3 的中介变量，a 和 b 均显著为正，说明中介效应显著，即环境质量在绿色金融政策的推动下显著改善，并由此提升绿色系统水平，绿色金融政策对环境质量的效应值为0.306，环境质量的中介效应值为0.211（0.306×0.688）。

③绿色生活路径方面。绿色生活 M_{33} 作为绿色金融政策 X 作用于绿色系统 M_3 的中介变量，a 和 b 均显著为正，说明中介效应显著，即人们的绿色生活质量在绿色金融政策的推动下显著改善，并由此提升绿色系统水平，绿色金融政策对绿色生活的效应值为0.407，绿色生活的中介效应值为0.210（0.407×0.517）。

④农地保护路径方面。农地保护 M_{34} 作为绿色金融政策 X 作用于绿色系统 M_3 的中介变量，a 显著为正，b 为负，且不显著，对 b 值进行 Sobel 检验滞后显著，所得 $p=0.045$，表明农地保护程度在绿色金融政策的推动下明显加强，效应值达 0.816，但农地保护增强未能有效提升整个绿色系统水平，反倒遮掩了绿色金融政策对绿色系统的部分效应。

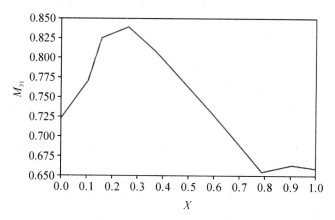

图 6-22　绿色金融政策和环境治理的 X-Y 线图

（三）经济系统、创新系统和绿色系统之间的链式多重中介效应分析

在证实了经济系统、创新系统和绿色系统作为绿色金融政策影响高质量发展的传导路径的基础上，进一步分析绿色金融政策作用于高质量发展的三个中介变量之间是否存在相互作用关系，即是否存在链式中介传导路径。因为绿色金融政策作用于高质量发展的总效应为 0.312，即各路径的效应值总和等于 0.312，所以总效应分散于各路径的效应值必然更小，在链式多重中介效应检验中，会加大每一条路径检验不显著的可能性，从而得出错误结论。因此，链式多重中介效应检验以多步骤的简单中介效应检验替代完成。

1. 经济系统和创新系统的链式多重中介效应分析

检验结果如表 6-10 所示，$X{\rightarrow}M_1{\rightarrow}M_2$ 和 $X{\rightarrow}M_2{\rightarrow}M_1$ 中介传导路径中，两者的 a 均显著，但两者的 b 均不显著，对 b 进一步做 Sobel 检验，分别得 $p=0.660>0.05$ 和 $p=0.659>0.05$，表明 $X{\rightarrow}M_1{\rightarrow}M_2$ 和 $X{\rightarrow}M_2{\rightarrow}M_1$ 中介传导路径均不显著，进而 $X{\rightarrow}M_1{\rightarrow}M_2{\rightarrow}Y$ 和 $X{\rightarrow}M_2{\rightarrow}M_1{\rightarrow}Y$ 链式中介传导效应均不显著，即绿色金融政策对经济系统有一个显著的正向效应，但该效应未能有效传导至创新系统；同时，绿色金融政策对创新系统有一个显著的正向效应，但该效应亦未能有效传导至经济系统；经济系统和创新系统作为绿色金融政策作用于高质量发展的中介传导路径，两者呈现并行式关系。

表 6-10　经济系统和创新系统相互作用的中介效应检验

中介模型	回归系数	a	b	c'
$X \to M_1, M_2$	Coefficient	0.314	0.213	0.384
	p	0.000	0.675	0.047
$X \to M_2, M_1$	Coefficient	0.452	0.147	0.248
	p	0.000	0.675	0.155

2. 经济系统和绿色系统的链式多重中介效应分析

检验结果如表 6-11 所示，$X \to M_1 \to M_3$ 中介传导路径中，a 显著，b 不显著，进一步调用 Sobel 检验，得 $p = 0.143 > 0.05$，表明 $X \to M_1 \to M_3$ 中介传导效应不显著，从而 $X \to M_1 \to M_3 \to Y$ 链式中介传导效应不显著；$X \to M_3 \to M_1$ 中介传导路径中，a 和 b 均显著，表明 $X \to M_3 \to M_1$ 中介传导效应显著，从而 $X \to M_3 \to M_1 \to Y$ 链式中介传导效应显著，即绿色金融政策对绿色系统有一个显著的正向效应，且该效应有效传导至经济系统，进而传导至高质量发展；同时，绿色金融政策对经济系统水平有一个显著的正向效应，但该效应未能有效传导至绿色系统；经济系统和绿色系统作为绿色金融政策作用于高质量发展的中介传导路径，两者呈现单向式作用关系。

表 6-11　经济系统和绿色系统相互作用的中介效应检验

中介模型	回归系数	a	b	c'
$X \to M_1, M_3$	Coefficient	0.314	0.518	0.064
	p	0.000	0.191	0.587
$X \to M_3, M_1$	Coefficient	0.227	0.546	0.190
	p	0.000	0.000	0.000

3. 创新系统和绿色系统的链式多重中介效应分析

检验结果如表 6-12 所示，$X \to M_2 \to M_3$ 中介传导路径中，a 显著，b 不显著，进一步调用 Sobel 检验，得 $p = 0.628 > 0.05$，表明 $X \to M_2 \to M_3$ 中介传导路径不显著，进而 $X \to M_2 \to M_3 \to Y$ 链式中介传导效应不显著；而 $X \to M_3 \to M_2$ 中介传导路径中，a 和 b 均显著，表明 $X \to M_3 \to M_2$ 中介传导路径显著，进而 $X \to M_3 \to M_2 \to Y$ 链式中介传导效应显著，即绿色金融政策对绿色系统有一个显著的正向效应，且该效应有效传导至创新系统，进而传导至高质量发展；同时，绿色金融政策对创新系统有一个显著的正向效应，但该效应未能有效传导至绿色系统；创新系统和绿色系统作为绿色金融政策作用于高质量发展的中介传导，有可能受到绿色创新不够的影响，因而两者也呈现单向式作用关系。

表6-12 绿色系统和创新系统相互作用的中介效应检验

中介模型	回归系数	a	b	c'
$X \to M_3$, M_2	Coefficient	0.452	0.162	0.154
	p	0.000	0.645	0.352
$X \to M_2$, M_3	Coefficient	0.227	0.660	0.303
	p	0.000	0.000	0.000

三、小结

分别通过绿色金融政策对高质量发展的总效应、绿色信贷对子系统的中介效应以及子系统之间的链式多重中介效应的实证分析，我们得出以下结论：

（1）绿色金融政策对高质量发展有显著的正向效应。随着绿色金融政策体系完善度提升1，高质量发展的水平会提升0.312。

（2）绿色金融政策通过作用于经济系统、创新系统和绿色系统而作用于高质量发展的简单中介传导路径 $X \to M_1 \to Y$、$X \to M_2 \to Y$ 和 $X \to M_3 \to Y$ 均显著。绿色金融政策作用于经济系统、创新系统和绿色系统的路径效应系数分别为0.314、0.452和0.227，可见，绿色金融政策对创新系统的作用是最大的，反而对绿色系统的作用最弱；经济系统、创新系统和绿色系统作用于高质量发展的路径效应系数分别为0.384、0.387和0.725，可见，在绿色金融政策的约束下，绿色系统对高质量发展的贡献是最大的，且高出创新系统和经济系统约1倍；经济系统、创新系统和绿色系统作为绿色金融政策作用于高质量发展的中介路径，中介效应值分别为0.121（0.314×0.384）、0.175（0.452×0.387）和0.165（0.227×0.725），可见，绿色金融政策主要通过创新系统和绿色系统路径作用于高质量发展。

（3）绿色金融政策主要通过促进产业结构的优化达到促进经济系统水平的提升，对经济规模的作用短期是抑制，长期将转变为促进；通过促进创新产出达到促进创新系统水平的目的；通过提升环境质量和绿色生活达到提升绿色系统水平的目的，而环境治理和农地保护方面对绿色金融政策作用于高质量发展的效应形成存在明显的遮掩。

（4）绿色金融政策通过作用于经济系统、创新系统和绿色系统而作用于高质量发展的链式中介传导路径部分显著。经济系统和创新系统之间没有显著的直接作用；经济系统和绿色系统之间，经济系统对绿色系统的作用不显著，但绿色系统对经济系统有显著的促进作用；创新系统和绿色系统之间，创新系统对绿色系统的作用不显著，而绿色系统对创新系统有显著的促进作用。因此可以归纳出：绿色金融政策作用于高质量发展的显著的链式中介传导路径只有两条，分别是绿色金融政策 X→绿色系统 M_3→经济系统 M_1→高质量发展 Y 和绿色金融政策 X→绿色系统 M_3→创新系统 M_2→高质量发展 Y。可见，绿色金融政策会通过绿色系统分别对作用于经济系统和创新系统从而助推高质量发展。

综上所述，绿色金融政策作用于高质量发展的所有显著的中介路径如图 6-23 所示。

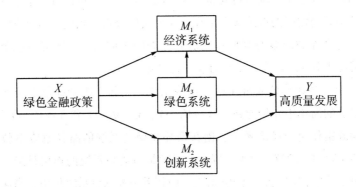

图 6-23　绿色金融政策作用于高质量发展的效应路径图

第三节　我国绿色金融体系推动高质量发展的综合效应分析

从绿色信贷和绿色金融政策作为单个自变量对高质量发展的效应的实证分析可以看到，绿色信贷和绿色金融政策对高质量发展都存在显著的正向效应，同时，两者都通过作用经济系统、创新系统和绿色系统而作用于高质量发展。本节将综合运用中介效应模型和调节效应模型，来实证分析包含了绿色信贷和绿色金融政策的绿色金融体系作用于高质量发展的效应机制。

一、我国绿色金融体系推动高质量发展的效应模型构建

绿色金融政策是推动绿色金融发展的主要动力，也是解决绿色金融存在的外部性的关键因素，考虑到绿色金融政策与绿色信贷之间的关系，将同时采用中介效应模型和调节效应模型来分析绿色信贷和绿色金融政策共同作用于高质量发展的机制和路径。

（一）调节效应模型介绍

若自变量 X 与因变量 Y 的关系是 M 的函数，则称 M 为调节变量，即 Y 与 X 的关系受到第三个变量 M 的影响。调节效应模型如图 6-24 所示，调节变量 M 会影响自变量 X 和因变量 Y 之间关系的方向和强弱。

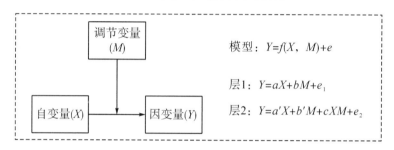

图 6-24　调节效应模型

调节效应检验方法采用分层回归。首先，建立因变量 Y 对自变量 X 和调节变量 M 的回归方程，称为层 1，得到回归拟合优度 R^2；其次，建立因变量 Y 对自变量 X、调节变量 M 和调节项 XM 的回归方程，称为层 2，得到回归拟合优度 $R^{2\prime}$；最后，通过看调节项 XM 的显著性以及 R^2 和 $R^{2\prime}$ 的显著差异来判断调节效应是否存在，XM 的系数 c 值代表调节效应的大小。

（二）指标选取及数据来源

绿色信贷和绿色金融政策作为单个自变量时，发现两者对高质量发展的作用方向和作用路径相同。而绿色金融政策对包括绿色信贷的绿色金融有很强的推动作用，因此，绿色金融政策会通过促进绿色信贷的增长进一步促进高质量发展，那么在绿色金融政策的推动下，绿色信贷的效应大小会被进一步强化或削弱。从而假设绿色金融政策对绿色信贷作用于高质量发展既存在中介效应也存在调节效应。本节将综合运用中介效应模型和调节效应模型来检验并分析绿色信贷和绿色金融政策共同对高质量发展的作用机制。在中介效应模型应用中，自变量 X 为绿色金融政策，中介变量 M 为绿色信贷，因变量 Y 依次为经济系统、创新系统、绿色系统及高质量发展；在调节效应模型中，自变量 X 为

绿色信贷，调节变量 M 为绿色金融政策，因变量依次为经济系统 Y_1、创新系统 Y_2、绿色系统 Y_3 及高质量发展 Y，具体如表 6-13 所示。

表 6-13　研究指标体系概览

中介效应模型	调节效应模型
自变量 X：绿色金融政策	自变量 X：绿色信贷
中介变量 M：绿色信贷	调节变量 M：绿色金融政策
因变量：经济系统 Y_1、创新系统 Y_2、绿色系统 Y_3、高质量发展 Y	

二、我国绿色金融体系推动高质量发展的实证分析

（一）我国绿色金融政策作用于绿色信贷的中介效应分析

首先，通过中介效应模型检验绿色金融政策是否作用于绿色信贷从而影响经济系统。检验结果如图 6-25 所示：a 和 b 均显著为正，说明中介效应显著，即绿色金融政策通过促进绿色信贷投放而促进经济系统水平提升的传导路径显著。

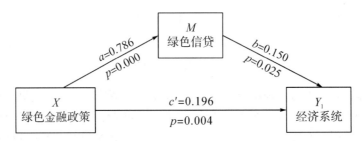

图 6-25　绿色金融政策→绿色信贷→经济系统的中介效应检验结果

其次，通过中介效应模型检验绿色金融政策是否作用于绿色信贷从而影响创新系统。检验结果如图 6-26 所示：a 显著为正，b 不是很显著，进一步做 Sobel 检验，得 $p=0.106$，不是很显著，即绿色金融政策通过促进绿色信贷投放而促进创新系统水平提升的传导路径不是很显著。

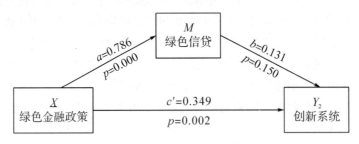

图 6-26　绿色金融政策→绿色信贷→创新系统的中介效应检验结果

再次，通过中介效应模型检验绿色金融政策是否作用于绿色信贷从而影响绿色系统。检验结果如图 6-27 所示：a 显著为正，b 不是很显著，进一步做 Sobel 检验，得 $p=0.168$，不显著，即绿色金融政策通过促进绿色信贷投放而促进绿色系统水平提升的传导路径不是显著。

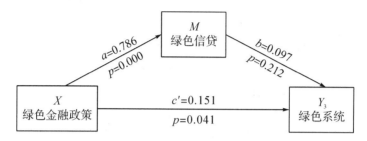

图 6-27　绿色金融政策→绿色信贷→绿色系统的中介效应检验结果

最后，通过中介效应模型检验绿色金融政策是否作用于绿色信贷从而影响高质量发展。检验结果如图 6-28 所示：a 和 b 显著为正，说明中介效应显著，即绿色金融政策通过促进绿色信贷投放而促进高质量发展水平提升的传导路径显著。

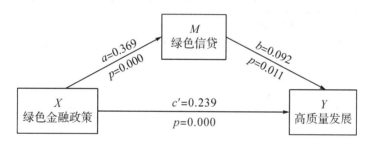

图 6-28　绿色金融政策→绿色信贷→高质量发展的中介效应检验结果

（二）我国绿色金融政策对绿色信贷作用于高质量发展的调节效应分析

首先，通过调节效应模型检验绿色金融政策是否对绿色信贷作用于经济系统存在调节效应。检验结果如表 6-14 所示。调节项 XM 不显著，分层回归得到拟合优度的变化为 0，表明调节效应不存在，即绿色信贷对经济系统的效应大小没有明显受到绿色金融政策的强化或削弱。

表 6-14　绿色金融政策调节绿色信贷对经济系统的效应检验结果

	回归方程	p	R^2	R^2 的变化
层 1	$Y1 = 0.365$	0.000	0.987	—
	$+0.150X$	0.025		
	$+0.196M$	0.004		
层 2	$Y1 = 0.521$	0.000	0.987	0.000
	$+0.194M$	0.009		
	$+0.155X$	0.042		
	$-0.018XM$	0.777		

其次，通过调节效应模型检验绿色金融政策是否对绿色信贷作用于创新系统存在调节效应。检验结果如表 6-15 所示：调节项 XM 不显著，分层回归得到拟合优度的变化值很小，仅为 0.002，表明调节效应不存在，即绿色信贷对创新系统的效应大小没有明显受到绿色金融政策的影响。

表 6-15　绿色金融政策调节绿色信贷对创新系统的效应检验结果

	回归方程	p	R^2	R^2 的变化
层 1	$Y2 = 0.445$	0.000	0.984	—
	$+0.131X$	0.150		
	$+0.349M$	0.002		
层 2	$Y2 = 0.655$	0.000	0.986	0.002
	$+0.358M$	0.004		
	$+0.112X$	0.242		
	$+0.076XM$	0.443		

再次，通过调节效应模型检验绿色金融政策是否对绿色信贷作用于绿色系统存在调节效应。检验结果如表 6-16 所示：调节项 XM 显著为负，分层回归得到拟合优度的变化较显著，为 0.040，表明调节效应存在，即绿色信贷对绿色系统的效应大小明显受到绿色金融政策的削弱。

表 6-16 绿色金融政策调节绿色信贷对绿色系统的效应检验结果

	回归方程	p	$R2$	$R2$ 的变化
层 1	$Y3 = 0.679$	0.000	0.955	-
	$+0.097X$	0.212		
	$+0.151M$	0.000		
层 2	$Y3 = 0.807$	0.000	0.995	0.04
	$+0.127M$	0.002		
	$+0.141X$	0.004		
	$-0.179XM$	0.002		

最后,通过调节效应模型检验绿色金融政策是否对绿色信贷作用于高质量发展存在调节效应。检验结果如表 6-17 所示:调节项 XM 不显著,分层回归得到拟合优度的变化为 0,表明调节效应不存在,即绿色信贷对高质量发展的效应大小没有明显受到绿色金融政策的影响。

表 6-17 绿色金融政策调节绿色信贷对高质量发展的效应检验结果

	回归方程	p	$R2$	$R2$ 的变化
层 1	$Y = 0.492$	0.000	0.997	-
	$+0.092X$	0.011		
	$+0.239M$	0.000		
层 2	$Y = 0.641$	0.000	0.997	0.000
	$+0.239M$	0.000		
	$+0.092X$	0.024		
	$+0.000XM$	0.995		

三、小结

通过绿色信贷和绿色金融政策共同作用于经济系统、创新系统和绿色系统的中介效应和调节效应的实证分析,我们得出以下结论:

(1)我国绿色金融政策显著促进了绿色信贷投放规模的增长,绿色金融政策促进绿色信贷增长的系数为 0.786,说明在绿色金融政策的推动下,商业银行积极地投放绿色信贷来支持绿色发展。

（2）我国绿色金融政策对绿色信贷助推高质量发展有一定的促进作用，但不存在明显的调节作用。具体到三个子系统，绿色金融政策主要通过促进绿色信贷来促进经济系统水平的提高，而对创新系统和绿色系统的是促进作用不明显，且绿色金融政策对绿色信贷作用于绿色系统的效应有明显的削弱作用。可见，在绿色金融政策的推动下，商业银行投放的绿色信贷存在严重的"漂绿"行为，企业依靠创新和绿色项目获得的资金以后并没有进行技术研发和投入绿色生产中去，但也在一定程度上促进了经济增长。

（3）我国绿色金融体系助推了高质量发展，而绿色金融政策（0.239）对高质量发展的作用要高于绿色信贷（0.092），对比单独分析绿色金融政策和绿色信贷对高质量发展的效应结果0.312和0.359，绿色信贷在绿色金融体系当中的效应被大大地削弱了。可见，在绿色金融政策的推动下，绿色信贷的资金配置效率反而下降了，可能是因为政策的过度干预限制了市场机制的正常发挥，同时没有形成完善的配套机制或存在政策不落地的原因导致绿色金融的功能不能充分地发挥出来。

第七章 高质量发展背景下绿色金融发展中的问题和对策建议

绿色金融发展的目的不仅仅是金融业本身的发展，更重要的是绿色金融功能能否发挥，即绿色金融能否促进绿色经济发展以及高质量发展。本章以我国绿色金融的发展现状及绿色金融推动高质量发展的实证结果来分析我国绿色金融发展存在的问题，并结合实证检验的传导路径来提出相应的对策。

第一节 高质量发展背景下绿色金融发展中存在的问题

从我国绿色金融推动高质量发展的实证研究得出，绿色金融政策对绿色信贷有明显的助推作用；绿色信贷和绿色金融政策都对高质量发展有明显的推动作用，但效应均不大；绿色信贷和绿色金融政策通过作用于绿色系统助推高质量发展的效应分别达到了 0.891 和 0.725，绿色系统对高质量发展的贡献较大；综合分析绿色金融体系发现，绿色金融体系助推了高质量发展，但在绿色金融政策的影响下绿色信贷的资源配置效应被大大地削弱了。

一、绿色信贷增长缓慢，绿色金融投放量不够

最根本的原因是商业银行等金融机构开展绿色信贷等绿色金融业务的自主性和积极性不高。近十年我国绿色信贷的平均增长为 13%，最低为 2017 年的 -0.83%，最高为 2019 年的 21.5，而绿色信贷占比在 7%~10%，相对占比较低，而国家开发银行、中国工商银行、中国建设银行、中国农业银行以及兴业银行 5 家银行 2020 年绿色信贷量占全国绿色信贷的比重接近 80%。

（一）绿色金融业务存在明显外部性

绿色信贷等绿色金融业务的外部性与商业银行等金融机构的利润最大化目

标相违背。一方面，绿色项目的开发、绿色技术的投入、绿色企业的发展都需要相对长期且大规模资金的投入，会带来较大的违约风险和环境风险，商业银行等金融机构必须通过风险溢价进行补偿；另一方面，竞争日益激烈的商业银行等金融机构获得资金的成本也大大提高，也最终会转嫁到融资者身上；同时，在绿色金融推动下的绿色经济的发展带来的环境改善不可能在当期且由金融机构获得。最终导致中小型的金融机构难以满足绿色项目等资金的需求、大型金融机构开展绿色金融业务的盈利性较低。

（二）绿色金融产品单一，以绿色信贷为主

受到我国金融体系以商业银行为主的这种间接融资方式的影响，绿色金融产品实际上一直以来都是以绿色信贷为主的。近几年绿色债券发展迅速，截至2019年年底，绿色金融债券规模占比达52.88%，而发行绿色金融债券的90%以上是商业银行，而企业和公司的绿色债券规模占比约为30%，也就是说，商业银行首先通过发行绿色债券筹集资金，其次通过绿色信贷将资金投向企业或绿色产业。从绿色金融债券发行主体来看，大部分都是中小银行，而中小银行在绿色信贷方面的占比非常小，且其绿色金融业务也存在披露不规范甚至未披露的情况。

（三）绿色金融产品创新不足，其他绿色金融产品的需求不足

由于绿色信贷和绿色债券都存在较大的违约风险，所以占用银行的大量资金。而绿色理财、绿色基金、绿色保险等产品相对来说是金融机构的表外业务，金融机构更多的是收取佣金收入，可以大大降低风险。但是这些绿色金融产品存在需求不足的现象。绿色理财、绿色基金以及绿色保险等的需求来自公众的参与，即公众的绿色投资。金融机构通过发布绿色金融产品来筹集资金，再将资金投入绿色产业、绿色企业当中去。但由于公众对绿色金融产品的不了解以及绿色金融产品本身存在的低收益-高风险，导致绿色投资不被吸引，需求不足，也就难以聚集更多的资金。而受到人才和市场限制，绿色资产证券化、绿色期权、绿色期货等创新产品可以解决外部性问题的跨期配置工具相对较少。

二、绿色金融政策的作用没有充分发挥出来

绿色金融政策的功能包括明显的激励和约束功能，引导、辅助和补充功能，绿色经济转型功能及国际合作功能等。从实证的结论可以发现，绿色金融政策通过产业结构和技术创新显著助推了高质量发展，其绿色经济转型功能有一定的体现。

（一）绿色金融政策的激励和约束机制不完善

绿色金融政策通过激励和约束机制来解决外部性和缓解信息不对称问题。一方面，政府通过贴息、担保、奖励以降低成本或增加收益来激励经济主体积极地参与绿色投资和消费；另一方面，通过法律法规及相关的制度来增加成本等方式从而约束甚至限制经济主体参与高污染高能耗的投资和消费。而绿色金融政策是以引导和激励为主，而约束不够。

（1）在贴息和奖励方面，以地方绿色金融为主导，受到地方财政的影响，各个地方的政策有较大的差异，贴息和奖励的程度也各不相同，很难针对性地解决外部性问题，难以可持续地推动金融机构以及企业进行绿色投资。

（2）在制度方面，政府从中央到地方都建立了绿色金融制度，针对不同的绿色金融产品在绿色标准的统一、评价认证体系、信息披露制度等方面都有不同程度的涉及。一是绿色标准的统一。绿色信贷和绿色债券在标准和认证上已经有比较完善的文件和政策，但是绿色产品的标准和认证并未实现全国性的统一，这就导致金融机构在投放资金时很难规避环境风险，也是导致企业"漂/洗绿"的根本原因，从而降低绿色产业的资金配置效率甚至导致资金配置错误的情况。二是绿色评价和认证。在绿色产品方面，如果实现了标准统一，绿色评价和认证也会变得容易，但对于金融机构来说，目前的绿色评价和认证还处在初级阶段，因此也难以推动金融机构绿色考评的普及。三是信息披露。首先金融机构社会责任报告中的绿色金融部分为自愿披露，既没有统一标准也没有强制要求，其次仅要求重点排污企业强制披露环保信息，其他上市公司都实施自愿披露原则。因此导致从企业到金融机构都难以形成较强的约束力，尽管文件出了一大堆，但是不痛不痒，很难达到应有的效果。

（二）绿色金融政策的引导、辅助和补充功能有待提高

政府通过财政或政策性金融机构将资金直接投放到绿色产业或绿色技术领域，通过绿色担保机制、绿色发展基金等手段撬动其他资金流向绿色经济领域，发挥其引导和补充功能。我国主要通过三种方式来实现，第一是国家开发银行和政策性银行的资金投放，国家开发银行、中国农业发展银行、中国进出口银行等通过发行绿色债券筹集资金、发放绿色信贷来投放资金，是绿色投融资的重要主体。第二是绿色发展基金，政府成立的绿色发展基金大多数是公益性质的，而国家在 2020 年 7 月设立的公司制的绿色发展基金成立时间较短，其引导功能还未发挥出来。第三是绿色 PPP 项目，截至 2020 年年末，绿色PPP 项目总投资额增至 56 206 亿元，占比达 36.3%。而绿色 PPP 项目本身存在融资落地难度大、收益难以满足回报要求、存在违规打捆现象等问题，容易

产生项目终止等风险。

（三）地方绿色金融政策的落地性较弱

从地方绿色金融试点到地方自主开展绿色金融工作，全国各地都在构建绿色金融体系，各地的绿色金融政策既有很大的相同之处，也有不同之处，但从对地方绿色金融政策的梳理来看，各地方绿色金融政策的针对性不强，大多是在中央或省级文件的基础上来构建绿色金融体系。同时，绿色金融涉及的金融机构类别和金融产品比较多，而大型金融机构和全国性的金融机构在地方多数以分支机构的形式存在，同时绿色金融政策涉及的职能部门和监管部门也比较多，所以地方绿色金融政策的设计和协调工作相对复杂和困难。比如金融机构的分支机构权责受到限制，比如监管部门和职能部门由于职责的重复有可能出现管理缺漏，比如绿色金融产品在地方层级很难有研发和创新的空间等。这就导致地方绿色金融政策要真正落实且惠及绿色发展的实现存在障碍和机制不畅。

第二节　我国绿色金融推动高质量发展的路径分析

根据绿色金融推动高质量发展的机理研究，本书认为绿色金融推动高质量发展主要通过创新、产业结构以及绿色消费等主要路径来影响高质量发展中经济、绿色系统，也就是说，绿色金融会通过对创新系统的影响传导给经济系统和绿色系统最终影响高质量发展。本节结合机理研究来分析实证研究结果，来找到绿色金融发展的路径，以及路径传导存在的问题。

一、我国绿色金融推动高质量发展的具体路径

从绿色信贷和绿色金融政策对高质量发展的中介效应检验的结果当中可以发现，我国绿色金融主要通过创新产出、产业结构、绿色生活、环境质量等路径来助推高质量发展，其中绿色生活包括建成区绿化覆盖率、万人拥有公交车辆和生活垃圾无害化处理率，环境质量包括万元 GDP 二氧化硫排放量和万元GDP 耗电量。

（一）绿色信贷助推高质量发展的具体路径

绿色信贷助推高质量发展的路径有七条，关于创新产出的两条路径是：绿色信贷既可通过创新产出作用于创新系统助推高质量发展，也可以通过创新产出先作用于创新系统再作用于经济系统最终助推高质量发展。关于产业结构的

三条路径分别是：绿色信贷通过产业结构作用于经济系统助推高质量发展、通过产业结构先作用于经济系统再作用于绿色系统最终助推高质量发展、通过产业结构先作用于经济系统再作用于创新系统最终助推高质量发展。关于绿色生活和环境质量的两条路径分别是：绿色信贷通过绿色生活和环境质量作用于绿色系统助推高质量发展、通过绿色生活和环境质量先作用于绿色系统再作用于经济系统最终助推高质量发展。可见，绿色信贷可以通过产业结构、创新产出、绿色生活、环境质量来影响经济系统来助推高质量发展，而在简单的中介效应当中，绿色信贷通过创新产出作用于创新系统助推高质量发展的传导效应是最大的，通过产业结构作用于经济系统助推高质量发展的传导效应次之。

（二）绿色金融政策助推高质量发展的具体路径

绿色金融政策助推高质量发展的路径有五条，关于创新产出的一条路径是：绿色金融政策通过创新产出作用于创新系统来助推高质量发展。关于产业结构的一条路经是：绿色金融政策通过产业结构作用于经济系统来助推高质量发展。关于绿色生活和环境质量的三条路径是：绿色金融政策通过绿色生活和环境质量作用于绿色系统来助推高质量发展、绿色金融政策通过绿色生活和环境质量先作用于绿色系统再作用于经济系统最终助推高质量发展、绿色金融政策通过绿色生活和环境质量先作用于绿色系统再作用于创新系统最终助推高质量发展。可见，绿色金融政策可通过绿色系统作用于其他子系统来助推高质量发展，且绿色金融政策通过环境质量和绿色生活作用于绿色系统助推高质量发展的传导效应是最大的，而绿色金融政策通过产业结构作用于经济系统助推高质量发展的传导效应是最弱的。相较于绿色信贷的传导效应来看，绿色金融政策对通过产业结构、创新产出、环境质量以及绿色生活作用于子系统助推高质量发展的传导效应都要更小，其中产业结构路径效应尤其明显，这可能因为绿色金融政策是通过先影响绿色信贷再产生效应的结果。

二、我国绿色金融推动高质量发展传导路径中存在的问题

（一）绿色信贷对绿色系统的影响及其助推高质量发展的中介作用较弱

绿色信贷通过绿色系统助推高质量发展，对绿色系统的影响系数为0.266，只有创新系统的一半，导致其助推高质量发展的中介效应也是最小的。根据绿色信贷的含义和放贷标准，绿色信贷是为了实现节能减排而投放的资金，绿色信贷对环境质量和绿色生活的影响是显著的，但是系数分别是0.345和0.456，相较于产业结构和创新产出的0.735和0.757是比较低的。一方面，这说明了绿色信贷首先是通过创新产出和产业结构来实现节能减排的，导致绿

色信贷对节能减排的效应变弱，因此，尽管绿色信贷对绿色系统的影响较弱，但受到绿色信贷影响的绿色系统对高质量发展的影响仍然是较大的；另一方面，结合绿色信贷通过经济系统的影响是最大的，而对绿色系统的作用较弱，也说明了绿色信贷的"漂绿"行为的存在。

（二）绿色信贷通过创新实现节能减排的路径不畅

从链式多重中介效应检验来看，绿色信贷通过创新系统作用于绿色系统助推高质量发展的传导效应不显著，也就是说，绿色信贷不能通过创新系统来影响绿色系统从而推动高质量发展，而绿色信贷对创新产出的作用系数高达0.757，是最高的，也就是说，绿色信贷可以高效地促进创新产出，但由绿色信贷带来的创新产出并不能实现节能减排。这就可能存在以下几种原因：一是通过绿色技术项目或研发获得的绿色信贷资金并没有用在节能减排技术的研发和引进上，体现的也是"漂绿"行为；二是绿色技术研发和应用的时间相对较长，而绿色信贷的这种效应在短期内还未显现出来；三是已有大量的绿色技术产出，但因为技术壁垒或引入成本过高，导致绿色技术的应用受阻，这可能也是目前我国技术创新存在的普遍问题，也导致了创新产出对高质量发展的作用系数只有0.606，比经济系统和绿色系统都要低。

（三）绿色金融政策的产业结构路径效应较弱

绿色金融政策对产业结构的影响显著且系数较大，为0.615，但是绿色金融政策通过产业结构路径作用于经济系统助推高质量发展的传导效应系数只有0.047，可能的原因是绿色金融政策对经济系统的中介效应较小，绿色金融政策主要通过绿色系统和创新系统路径来助推高质量发展。

（四）绿色金融政策不能通过创新系统和经济系统路径来作用于绿色系统

绿色金融政策通过创新系统作用于绿色系统以及通过经济系统作用于绿色系统助推高质量发展的效应都不显著，不能通过链式多重中介效应的检验，绿色金融政策仅仅是通过影响绿色信贷来作用于绿色系统从而助推高质量发展。但实际上，绿色金融政策也可以通过产业结构以及创新产出来实现节能减排，也就是说，产业结构和技术创新是绿色金融政策作用于绿色系统的重要路径。这里可能有几个原因：一是绿色金融政策的指标选择，实证数据仅仅是用绿色金融政策文件粗略计算的数量，不能很准确地体现绿色金融政策在包括绿色产业、绿色技术等各方面的细节，也就容易掩盖绿色金融政策在这方面的效应；二是绿色金融政策更多的是围绕金融的发展，因此绿色金融政策的效应更多的是通过绿色信贷将对产业、技术方面的影响体现出来；三是绿色金融政策本身的不完善也是导致创新系统和经济系统这种链式中介效应不显著的原因。

（五）"漂绿"行为导致绿色金融政策对绿色信贷作用于绿色系统效应被明显削弱

绿色金融政策主要是通过促进绿色信贷来促进经济系统水平的提高，而对创新系统和绿色系统的促进作用不明显，且绿色金融政策对绿色信贷作用于绿色系统的效应有明显的削弱作用。在没有完善的制度进行辨识和监管的情况下，绿色金融政策加剧了企业的"漂绿"行为，出现了绿色资金错配的现象。

第三节　高质量发展背景下绿色金融发展的对策建议

2017 年党的十九大首次提出高质量发展，表明中国经济由高速增长阶段转向高质量发展阶段。高质量发展将是我国经济发展的一种常态，从实证结果看到绿色系统对高质量发展的作用分别是 0.891 和 0.725，也就是说，绿色信贷和绿色金融政策通过绿色系统对高质量发展的作用系数分别是 0.891 和 0.725。可见，绿色金融对高质量发展之重要。而要使绿色金融推动高质量发展的功能充分发挥，不仅要发展绿色金融本身，还要优化传导路径。而推动绿色金融本身的可持续发展最重要的是通过政府和市场的合力来解决外部性的问题，然后才能通过传导路径有效地推动高质量发展，单独依靠政府的力量难以有效地推动绿色金融及高质量的发展，完善的市场机制才是长久之计。

一、完善绿色金融制度是解决外部性的关键

绿色金融和绿色经济本身就具备明显的外部性，这种外部性一定会导致市场失灵，而完善的制度可以从内部的激励和外部的环境两方面在一定程度上将外部性内部化，最终激活市场的传导机制。

（一）在发展初期，政府承担一定的额外成本是必要的

在绿色金融和绿色经济发展的初期，无论是金融机构还是企业抑或是消费者，都难以接受这种外部性，去承担过高的成本而无法收回相应的收益，这会影响到生存问题，尤其是金融机构和企业。

（1）降低企业绿色投资的成本。一是加大财政的贴息力度，比如在绿色项目的初创期或绿色技术的研发期提供贴息，等绿色项目产生回报以后再支付利息；二是政府或政策性金融机构为企业的绿色融资提供担保，以提高企业绿色信贷的信用等级从而使其获得较为优惠的利率支持；三是中央银行通过再贷款再贴现的政策为商业银行的绿色信贷提供低利率的资金来源，通过降低银行

的资金成本来达到降低企业绿色贷款成本的目的。

（2）提高企业绿色投资的收益。一是为企业的绿色生产收入免税，比如企业因节能环保而产生的净收益可以免交税收；二是完善企业绿色生产和绿色研发的奖励机制，比如设立绿色奖励基金，分批分阶段地对企业或项目进行奖励；三是发挥绿色声誉的作用，政府为企业的绿色投入做好宣传，既有示范作用，也能提高企业的声誉。

（3）提高金融机构的绿色金融业务的收益。在同行业以及互联网快速发展的竞争下，金融机构的资金成本越来越高，而更有效的方式是提高收益。一是和小微信贷一样，将绿色信贷和绿色金融服务业务的风险权重降低，从而降低商业银行风险加权资产总额，也就降低了资本要求，从而提高收益率。二是完善商业银行的绿色金融业务的奖励制度，在绿色奖励基金的基础上，对绿色企业或绿色项目的债权人同比例地进行配套奖励。三是发挥绿色银行的声誉效应。政府应该推行"绿色银行"的评选，且给予一定的标识，像加入存款保险制度的银行可以进行标识，那么被评为绿色银行的银行甚至是分支机构都可以进行标识，不仅可以推广绿色的概念，更重要的是可以提高银行的声誉，有利于吸收更多的存款。

（二）一定程度上解决信息不对称是防范风险以及减少"漂绿"的必要条件

信息不对称加剧了绿色经济和绿色金融的外部性问题，要实现信息的完全对称是不现实的，但在一定程度上解决信息不对称来消除道德风险是可以实现的。

（1）统一的绿色标准和认证机制是基础。在绿色信贷和绿色债券的投放方面通过不断修订建立了比较全面的投资支持目录，有了准确且科学的标准，但我国绿色金融标准体系与国际主流标准存在差异，也就不利于绿色金融的国际合作。认证也非常重要。对绿色金融机构来说，对绿色项目等绿色企业的认证是非常困难的，仅仅凭借支持目录和企业所提供的资料是不够的。而这种信息不对称带来的道德风险体现出来的就是"漂绿"。一是成立专门的认证机构或建立认证平台，为绿色投资提供绿色认证；二是政府定期组织专业培训来提高金融机构的专业水平；三是将绿色认证纳入企业的信用体系，设置绿色分值和具体的打分目录，对绿色项目、绿色技术、绿色投入等赋予不同的权重，纳入企业信用体系的绿色分值，为绿色投资提供依据，同时还可以作为企业提高信用分析的一种激励。

（2）信息披露是重要保障。无论是政府对企业和对金融机构的奖励还是金融机构的绿色资金投放过程中，都可能会因为信息不对称而产生资金错配，这也就加剧了"漂绿"现象。尽管有明确的标准和严格的认证，但如果这些都不透明，依然可以依据权力方的主观意愿来配置资金，因此信息披露是最重要的保障。一是强制要求所有进行了绿色融资的企业都必须披露环保信息及资金的使用情况；二是将银行等金融机构披露绿色金融业务作为绿色银行评价的一个必要条件，且获得奖励的银行必须披露其当年的绿色金融业务开展情况；三是构建公开透明的绿色信息披露平台，且保证时效性和易获得性。目前部分区域已经建立了如"绿融通"融资系统、"绿信通"评价系统等，这些在一定程度上是为了解决投融资双方的交易成本，为绿色融资来提供便利。但这些平台都不够公开透明，不能很好地起到监督作用，也就很难消除寻租行为，自然也就不能根本性地解决"漂绿"。

二、通过绿色金融产品创新来实现跨期配置从而将外部性内部化

绿色金融本身具有外部性特征，但绿色金融产品的创新可以通过实现绿色金融产品的收益合理化来吸引投资者。

（一）推动绿色信贷资产证券化的加速发展

通过绿色信贷资产证券化可以增加商业银行的资产流动性且转移绿色信贷的风险，这是一种跨期收益的转化，即将这种长期的收益转化为当期的收益，同时也是将这种长期的信贷收益分享给更多的公众投资者。这不仅可以提高商业银行发放绿色信贷的积极性，也可以通过证券化吸收更多的公众资金流向绿色产业。

（二）创新绿色技术期权的设计

企业可通过绿色技术期权和绿色发展基金相结合的方式解决企业绿色投入的外部性问题。首先，利用政府设立的绿色发展基金来筹集资金并成立专门的全国性的绿色技术研发机构，对于重点节能环保技术进行攻关。其次，技术研发人员的组成可以包括相关企业的技术人员和研究机构的人员或高效的研究院等。最关键的是可以在技术研发初期出售绿色技术期权合约，企业可以购买该期权合约，等到绿色技术研发出来以后，企业可以选择是否购买该项技术，如果企业选择放弃，则由绿色发展基金来承担成本，企业也只是损失了少量的期权费，而不会因为技术研发失败带来太大的损失；如果企业选择购买，那就可以通过购买基金份额的方式来购买该项绿色技术，如果企业在使用这项技术且达到了节能减排的效果，那么绿色发展基金则以基金分红的方式给企业分红。实际上将这项绿色技术带来的长期收益以基金分红的方式反馈给企业，而由政府来承担这份责任是最好不过了，因为绿色技术带来的节能减排的效应是造福整个社会和整个人类的，这就很好地将这种外部性内部化了。

三、完善绿色金融市场是绿色金融可持续发展的必要条件

绿色金融市场包括绿色金融产品市场和环境权益市场，政府的力量非常有限，政府的干预也是为了集合市场的力量，因此市场的发展是必要条件。

（一）完善绿色金融产品市场

实现绿色金融产品市场参与主体之间的共赢是绿色金融产品市场可持续发展的根本动力。绿色金融产品市场的推动和发展依靠的是市场的参与主体，而参与主体在市场上进行交易和参与绿色投融资，依靠的是价格机制，价格机制的发挥是促进绿色金融产品市场发展的最关键因素。在价格机制的作用下，资金供给方和需求方通过绿色金融产品的交易来实现资金的聚集和绿色投放。资金供给方主要是广大的公众，首先通过存款为银行提供大量的资金，其次通过投资各类绿色金融产品，比如绿色理财、绿色基金、绿色保险等间接地提供资金，最后通过购买绿色股票和绿色债券直接为绿色企业提供资金。资金的需求方主要是企业，企业通过向银行贷款、发行股票、发行债券的方式获得资金。而金融机构作为信用中介和服务中介将资金供给者和资金需求者连接起来。由此可见，要给企业提供资金，需要金融机构提供绿色金融服务，更需要公众提供资金，同时公众和政府也是绿色消费的主体，是促成企业绿色生产转化的关键。

1. 增强各参与主体的社会责任意识

积极投入绿色金融和绿色经济的发展中来。首先是公众愿意进行绿色消费且承担成本的转嫁，从而推动企业进行绿色生产和绿色投入；其次是金融机构愿意提供绿色融资，为企业的绿色生产提供资金；最后是公众愿意进行绿色投资，才能为金融机构提供更多的资金从而为企业提供资金。可见，公众的绿色行为非常重要，公众选择节能减排产品且愿意将钱存入绿色银行并购买绿色理财、绿色基金、绿色保险等各类产品就能有序且可持续地推动绿色金融的发展，从而推动绿色经济的发展最终推动高质量发展。因此必须推动公众积极参与到绿色消费和绿色投资当中。

2. 推进绿色金融产品的开发

自 2016 年提出构建绿色金融体系以来，绿色债券、绿色基金、绿色保险等绿色金融产品不断涌现。自绿色金融发展以来，长期形成的是以绿色信贷为主的较为单一的绿色金融产品体系，主要原因是我国长期以来都是以间接融资为主的银行为主导的金融体系。2020 年 1 月，银保监会发布的《关于推动银

行业和保险业高质量发展的指导意见》提出要构建多元化的绿色金融产品体系。2021 年 9 月发布的《关于完整准确全面贯彻新发展理念做好碳达峰碳中和工作的意见》（以下简称《碳达峰碳中和工作的意见》）明确提出大力发展绿色金融，要有序推进绿色低碳金融产品和服务的开发。一是推进普惠绿色信贷，充分利用中小银行的资金为中小企业的绿色发展提供资金；二是建立并推广证交所的 ESG 原则，建立绿色股票发行制度，在北交所以及注册制推行背景下，推进绿色股权融资，从绿色企业和绿色技术的资金需求特点来看，股权融资的长期性和低成本性具有明显的优势；三是重点推进国家绿色发展基金、设立产业基金，向环保部门、金融机构等定向募集资金引入长期投资的股权资金等。

3. 增强绿色金融产品及绿色消费产品的推广

一方面是绿色观念和绿色相关知识的普及，比如通过电视、手机、公交工具等载体来宣传绿色观念，通过绿色知识进社区等方式来实现宣传的全方位覆盖；另一方面可以研发绿色投资和绿色消费的 APP，为公众提供专门的平台来了解、购买绿色消费产品和投资绿色金融产品；另外，也可以将存款和绿色投资进行捆绑，将互补型绿色产品进行捆绑或打包销售等。

（二）完善环境权益交易市场

环境权益交易市场目前以碳排放交易市场为主，而用能权、排污权和水权交易市场还没有建议统一的全国性市场。碳权交易市场也表现出明显的地区差异性和行业差异性；主要集中在碳配额的交易，而 CCER 交易还处于初步阶段，减排交易还未发展起来。其主要原因在于全国性的碳交易市场以及碳交易管理办法都是在 2020 年才形成和出台的，而 CCER 主要是设立了与碳配额的抵消机制，交易机制仍然未形成。

完善环境权益交易市场的措施有：

（1）利用碳排放权作为质押物来获得绿色信贷，既为企业注入了资金，又能推动碳排放权交易。

（2）推动和加快 CCER 的审批，形成完善的 CCER 交易机制。

（3）创新碳金融产品，发展碳期货、碳期权、碳指数等推动碳金融市场的发展，充分利用碳排放权来筹集资金。

（4）加速绿色技术创新激励企业进行碳配额交易，形成碳配额交易与绿色技术创新的相互促进机制。

（5）各地方依据自身减排要求分配碳配合，增加碳配额的覆盖行业，以推动产业结构加速优化升级。

四、优化绿色金融，推动高质量发展的其他建议

依据绿色金融助推高质量发展的路径分析以及绿色金融发展的情况，选择和优化绿色金融助推高质量发展的路径是绿色金融功能得以实现的重要因素。

（一）产业结构优化和技术创新是绿色金融助推高质量发展的主要路径

绿色信贷和绿色金融政策都会通过产业结构和技术创新来推动高质量发展而绿色金融还会通过技术创新来推动产业结构的优化，可见技术创新是最重要的路径。

（1）应该开发出专门的绿色技术信贷，将绿色信贷不同行业的技术创新进行归类和认证，为绿色技术信贷提供依据，以引导资金配置到技术研发和技术引进上。

（2）设立绿色产业基金或绿色技术基金，针对性地为绿色产业和绿色技术来筹集资金。

（3）加强绿色技术的推广和应用，比如建立绿色技术交易市场，创新绿色技术期权产品等，以保证绿色技术能起到节能减排的作用。

（4）以产业为单位来分配碳配额，针对具体的产业来实现碳排放的控制。

（二）促进绿色金融与绿色经济之间的良性循环是高质量发展的必要条件

未来经济的发展就是绿色发展，而所有企业最后都必须要做到节能减排，尤其是在双碳目标的约束下，只有绝大部分甚至是全部的企业都能做到节能减排才能真正实现碳中和，那么绿色经济的这种可持续发展也就是未来的必然趋势。从理论研究和实证研究都能看到，绿色系统和经济系统之间是会相互促进和相互关联的，同时绿色金融与绿色经济高度耦合，绿色金融是新时代发展绿色经济的核心，也是防范环境系统性风险和实现经济绿色发展的内在必然要求。不仅绿色金融促进绿色经济的发展，绿色经济的发展也会促进绿色金融的发展。绿色经济的发展使得金融机构面临的环境风险越来越少，越来越多的企业都在进行绿色生产和绿色投入，对绿色融资的需求也会越来越大；绿色生产越多，绿色消费也会越多，且形成充分竞争的环境，使得绿色消费的价格降低、绿色金融的成本降低，从而又进一步反过来促进绿色经济的发展。

参考文献

ADRIAN W, 2011. Do stock investors value corporate sustainability? Evidence from an event study [J]. Journal of business ethics, 99 (2): 145-165.

AIZAWA M, YANG C, 2010. Green credit, green stimulus, green revolution? China's mobilization of banks for environmental cleanup [J]. The journal of environment & development (2): 119-144.

ALBERTO M, LL M, PH D, 2008. Environmental risks and insurance a comparative analysis of the role of Insurance in the management of environment-related risks [J]. Environmental risks and insurance OECD report (6): 1-27.

ALEXEEVA V, 2016. The globalization of the carbon market: welfare and competitiveness effects of linking emissions trading schemes [J]. Mitigation and adaptation strategies for global change, 21 (6): 905-930.

AMATO D, DROSTE N, ALLEN B, et al., 2017. Green, circular, bio economy: a comparative analysis of sustainability avenues [J]. Journal of cleaner production (168): 716-734.

ATKINSON R D, CORNEA D K, 2007. State new economy index: benchmarking economic transformation in the states [J]. Social science electronic publishing, 2007: 112-121

ATLE C C, JøRGEN W, 2003. The EU as a frontrunner on greenhouse gas emissions trading: how did it happen and will the EU succeed? [J]. Climate policy, 3 (1): 3-18.

BANGA J, 2019. The green bond market: a potential source of climate finance for developing countries [J]. Journal of sustainable finance & investment, 9 (1): 17-32.

BARBIER E, 2011. The policy challenges for green economy and sustainable economic development [J]. Natural resources forum, 35 (3): 233-245.

BARRO R J, 2002. Quality and quantity of economic growth [R]. Working Papers of Central Bank of Chile, 1 (6): 135-162.

BAUMOL W J, OATES W E, 1988. The theory of environmental policy [M]. Cambridge: Cambridge University Press.

BENZ E, TRÜCK S, 2009. Modeling the price dynamics of CO_2, emission allowances [J]. Energy economics, 31 (1): 4-15.

BRENNAN M J, SCHWARTZ E S, 1985. Evaluating natural resource investments [J]. Journal of business, 58 (2): 135-157.

CARSON R T, JEON Y, 1997. The relationship between air pollution emissions and income: U. S. data [J]. Environmental and development economics (2): 433-450.

CLIMENT F, SORIANO P, 2011. Green and Good? The investment performance of US environmental mutual funds [J]. Journal of business ethics (2): 275-287.

CORTAZAR G, SCHWARTZ E S A, 1993. Compound option model of production and intermediate inventories [J]. Journal of business, 66 (4): 517-540.

COWAN E, 1999. Topical issues in environmental finance [A]. Economy and Enviroment Program for Southeast Asia [C]. Canadian International Development Agency (CIDA) (1): 3-30.

DASGUPTA S, LAPLANTE B, WANG H, 2002. Confronting the environmental Kuznets curve [J]. Journal of economic perspective (16): 147-168.

DELLA C, KAMINKER C, STEWART F, 2011. The role of pension funds in financing green growth initiatives [R]. OECD Working Papers on Finance, Insurance and Private Pensions (10): 8-58.

DIEFENBACHE H, ZIESCHANK R, et al., 2010. Measuring welfare in Germany. a suggestion for a new welfare index [M]. Federal Environment Agency.

ERMOLIEVA T, ERMOLIEV Y, JONAS M, et al., 2014. Uncertainty, cost-effectiveness and environmental safety of robust carbon trading: integrated approach [J]. Climatic change, 124 (3): 633-646.

FRANKLIN A, DOUGLAS G, 2001. Comparative financial systems: a survey [R/OL]. http://finance. wharton. upenn. edu/-allenf/download/Vita/PublishedPapers. htm. Working Paper: 1-79.

GURRÍA A, 2011. Towards green growth: monitoring progress OECD indicators

[M]. OECD.

GALEMA R, AUKE P, BERT S, 2008. The stocks at stake: return and risk in socially responsible investment [J]. Journal of banking & finance (32): 2646–2651.

GENE M G, ALAN B K, 1991. Environmental impacts of a North American free trade agreement [R]. Working Paper Series National Bureau of Economic Research (3914): 1–57.

GRAHAM A, MAHER J J, 2000. Environmental liability information and bond ratings [J]. Journal of accounting, auditing & finance (3): 93–115.

HELD B, RODENHäUSER D, et al., 2018. The national and regional welfare index (NWl/RWl) redefining progress in Germany [J]. Ecological economics (145): 391–400.

IRENE M, LUCA DE A, 2020. Blind to carbon risk? An analysis of stock market-reaction to the Paris Agreement [J]. Ecological economics, 170 (106571): 1–20.

JARRETT H, 1966. Environmental quality in a growing economy [M]. Baltimore: The Johns Hopkins Press: 3–14.

JOHANSSON P, FALSEN C, 2015. Mobilizing the debt market for climate change mitigation: experiences from the early green bonds market [D]. Chalmers University of Technology, Go then burg, Sweden.

JOHN M, 2002. A general equilibrium analysis of the insurance bonding approach to pollution threats [J]. Ecological economics, 40 (10): 103–115.

KAREN C, WERNER T, 2010. Did frederick brodie discover the world's first environmental kuznets curve? [J]. Coal smoke and the rise and fall of the London Fog. NBER working paper (15669): 1–77.

KULICHENKO N, ZECHTER R H, AHMED A A, 2015. Capturing and storing carbon: the world bank's role [J]. World bank other operational studies (24): 1–8.

LOISEAU E, SAIKKU L, ANTIKAINEN R, et al., 2016. Green economy and related concepts: an overview [J]. Journal of cleaner production (139): 361–371.

LABATT S, WHITE R, 2002. Environmental finance: a guide to environmental risk assessment and financial products [M]. Canada: John Wiley & Sons. Lnc.

LEVIND R, 1997. Financial development and economic growth: views and agenda

[J]. Journal of economic literature (35): 688-726.

LABATT S, WHITE R R, 2015. Carbon finance: the financial implications of climate change [M]. John Wiley & Sons, Inc, America.

MATHEWS J A, KIDNEY S, 2010. Climate bonds: mobilizing private financing for carbon management [J]. Carbon management, 1 (1): 9-13.

MARCO B, GIANGIACOMO B, SILVANA D, 2008. A consumption-based approach to environmental kuznets curves using the ecological footprint indicator [J]. Ecological economics (65): 650-661.

MARK A W, 1996. Environmental finance: value and risk in all age of ecology [J]. Business strategy and the environment (5): 198-206.

MAUREEN C, CHARLES G, 1994. The interaction of population growth and environmental quality [J]. American economic review (8): 250-254.

MONTGOMERY W D, 1972. Markets in licenses and efficient pollution control programs [J]. Journal of economic theory (3): 395-418.

OCAMPO J A, 2011. The transition to a green economy: benefits, challenges and risks from a sustainable development perspective [R]. Second Preparatory Meeting for United Nations Conference on Sustainable Development, Division for Sustainable Development UN-DESA, UNEP, UN Conference on Trade and Development.

PANAYOTOU T, 1993. Empirical tests and policy analysis of environmental degradation at different stages of economic development [C]. World employment programme research working paper WP238: 1-45.

PETRICK S, WAGNER U J, 2014. The impact of carbon trading on industry: evidence from german manufacturing firms [J]. Ssrn electronic journal, 4 (28): 1-51.

PWC, 2013. Exploring green finance incentives in China [R/OL]. www. pwccn.com.

PETER S, KATRINA M, 2010. Financing energy efficiency building retrofits [R/OL]. International Policy and Business Model Review and Regulatory Alternatives for Spain. http://www.in-en.com/finance/html/energy_1603160365137794.html.

PEARCE D W, TURNER R K, 1989. Economics of natural resources and the environment [M]. Johns Hopkins University Press.

RAHMAN S M, KIRKMAN G A, 2015. Costs of certified emission reductions under the clean development mechanism of the kyoto protocol [J]. Energy economics

(47)：129-141.

SCHMIDHEINY S, F J, 2003. Financing change：the financial community, eco-efficiency, and sustainable development ［M］. Cambridge, Mass. MIT.

SCHOLTENS B. 2006. Finance as a drive of corporate social responsibility ［J］. Journal of business ethics （68）：19-33.

SONIA L, RODNEY R W, 2007. Carbon finance：the financial implications of climate change ［M］. Hoboken：John Wiley&Sons, Inc.

SALAZAR J, 1998. Environmental finance：linking two world ［Z］. Presented at a Workshopon Financial Innovations for Biodiversity Bratislava （1）：2-18.

STERN H, 2015. Avoiding "subprime" carbon—applying lessons learnt from the current financial crisis to the carbon derivatives market ［J］. Journal of heart & lung transplantation, 34 （4）：S234-S235.

SCHWARTZ E S, CORTAZAR G, et al., 1998. Evaluating environmental investments：a real options approach ［J］. Management science, 44 （8）：1059-1070 .

TAMAZIAN A, RAO B B, 2010. Do economic, financial and institutional developments matter for environmental degradation? Evidence from transitional economies ［J］. Energy economics, 32 （1）：137-145.

ULRICH O, PETER S, MARCUS W, et al., 2013. Does the stock market value the inclusion in a sustainability stock index? An event study analysis for German firms ［J］. Journal of environmental economics and management, 66 （3）：497-509.

UNEP, 2010. Green economy：developing countries success stories ［R］. Nairobi.

UNEP, et al., 2008. Green jobs：towards decent work in a sustainable ［R］. Low-Carbon World, Nairobi.

UNEP, 2011, United nations environment programme （UNEP）. towards a green economy：pathways to sustainable development and poverty eradication ［R］. Nairobi.

VELD M, S V, 2016. Carbon finance：how carbon and stock markets are affected by energy prices and emissions regulations ［M］. Switzerland：Springer International Publishing.

WILLIAM G, 1999. Global stock markets in the twentieth century ［J］. The journal of finance （54）：953-980.

WALSH J, 2003. UK energy white paper：our energy future - creating a low carbon economy [M]. Energy studies review.

WAGNER M W, UHRIGHOMBURG M, 2006. Futures price dynamics of CO_2 emission certificates – an empirical analysis [J]. Social science electronic publishing, 17 (2): 73-88.

YANING Z, 2019. Development of green bond market in China [J]. Advances in social science, education and humanities research (319): 448-451.

ZAKERI A, DEHGHANIAN F, FAHIMNIA B, et al., 2015. Carbon pricing versus emissions trading: a supply chain planning perspective [J]. International journal of production economics (164): 197-205.

ZHU B, CHEVALLIER J, MA S, et al., 2015. Examining the structural changes of European carbon futures price 2005—2012 [J]. Applied economics letters, 22 (5): 335-342.

肖, 1988. 经济发展中的金融深化 [M]. 邵伏军, 等译. 上海: 上海人民出版社.

巴曙松, 丛钰佳, 朱伟豪, 2019. 绿色债券理论与中国市场发展分析 [J]. 杭州师范大学学报 (社会科学版), 41 (1): 91-106.

白钦先, 2006. 论金融功能演进与金融发展 [J]. 金融研究 (7): 41-52.

蔡芳, 2008. 环境保护的金融手段研究: 以绿色信贷为例 [D]. 青岛: 中国海洋大学.

陈昌兵, 2018. 新时代我国经济高质量发展动力转换研究 [J]. 上海经济研究 (5): 16-24, 41.

陈伟光, 胡当, 2011. 绿色信贷对产业升级的作用机理与效应分析 [J]. 江西财经大学学报 (4): 12-20.

陈宴祥, 罗健英, 2011. 试析中国股市低碳板块收益率分布特征 [J]. 财会月刊 (6): 21-23.

陈志峰, 2019. 我国绿色债券环境信息披露的完善路径分析 [J]. 环境保护, 47 (1): 50-53.

寇欢欢, 2019. 湖北省工业经济高质量发展水平评价 [D]. 武汉: 湖北省社会科学院.

党登辉, 2017. 兴业银行绿色债券发行案例研究 [D]. 兰州: 兰州财经大学.

邓聿文, 2007. 兴业银行绿色债券发行案例研究 [N]. 上海证券报, 2007-07-20 (7).

邓翔, 2012. 绿色金融研究述评 [J]. 中南财经政法大学学报 (6): 67-71.

董利, 2012. 绿色信贷体系建设和风险防控 [J]. 中国金融 (10): 64-65.

杜莉, 李博, 2012. 利用碳金融体系推动产业结构的调整和升级 [J]. 经济学家 (6): 8-15.

方灏, 马中, 2010. 论环境金融的内涵及外延 [J]. 生态经济 (9): 50-53.

方杰, 温忠麟, 邱皓政. 纵向数据的中介效应分析 [J]. 心理科学, 2021, 44 (4): 223-230.

方杰, 温忠麟, 梁东梅, 等, 2015. 基于多元回归的调节效应分析 [J]. 心理科学, 38 (3): 205-210.

高建良, 1998. "绿色金融" 与金融可持续发展 [J]. 金融理论与教学 (4): 17-19.

甘远勇, 王峰娟, 2018. 我国绿色债券第三方认证问题探析 [J]. 财务与会计 (2): 55-56.

郜承楠, 2019. 绿色金融支持绿色发展的机制研究 [D]. 大连: 东北财经大学.

韩永辉, 韦东明, 2021. 中国省域高质量发展评价研究 [J]. 财贸研究, 32 (1): 26-37.

何德旭, 张雪兰, 2007. 对我国商业银行推行绿色信贷若干问题的思考 [J]. 上海金融 (12): 4-9.

胡震云, 陈晨, 张玮, 2013. 基于微分博弈的绿色信贷与水污染控制反馈策略研究 [J]. 审计与经济研究 (6): 100-109.

黄安平, 2017. 关于交易所绿色公司债发展的几点建议 [J]. 证券市场导报 (3): 1-1.

黄洁, 2018. 我国境外发行绿色债券存在的问题及建议 [J]. 国际金融 (8): 52-56.

黄顺春, 邓文德, 2020. 高质量发展评价指标体系研究述评 [J]. 统计与决策, 36 (13): 26-29.

环境保护部环境与经济政策研究中心, 2010. 中国绿色信贷发展报告 2010 [R]. 北京: 环境保护部.

金碚, 2018. 关于 "高质量发展" 的经济学研究 [J]. 中国工业经济 (4): 5-18.

李金昌, 史龙梅, 徐蔼婷, 2019. 高质量发展评价指标体系探讨 [J]. 统计研究, 36 (1): 4-14.

李梦欣, 任保平, 2019. 新时代中国高质量发展的综合评价及其路径选择

[J]. 财经科学（5）：26-40.

李家玉，陈东景，2021. 中介效应视角下环境规制对环境库茨涅兹曲线的影响研究 [J]. 青岛大学学报（自然科学版）（2）：87-95.

李静，2017. 绿色债券对商业银行的影响 [J]. 当代经济（2）：52-58.

李日强，王峰娟，2017. 绿色债券的发行要点与发展建议 [J]. 财务与会计（9）：19-21.

李冬，2016. 制约我国社会资本参与碳基金的因素及对策分析：基于碳金融衍生品视角 [J]. 信阳师范学院学报（哲学社会科学版），36（5）：38-41.

李毓，2020. 绿色信贷对中国产业结构升级影响的实证分析：基于中国省级面板数据 [J]. 经济问题（1）：37-43.

李晓西，2017. 绿色金融盈利性与公益性关系分析 [J]. 金融论坛（5）：3-11.

连莉莉，2015. 绿色信贷影响企业债务融资成本吗？：基于绿色企业与"两高"企业的对比研究 [J]. 金融经济学研究（5）：83-93.

林清德，2011. 践行可持续金融战略 [J]. 中国金融（10）：32-33.

林兆木，2018. 关于我国经济高质量发展的几点认识 [N]. 人民日报，2018-01-17（007）.

刘晓涛，2018. 农业供给侧结构性改革背景下永登农业经济高质量发展研究 [D]. 兰州：兰州大学.

刘传岩，2012. 中国绿色信贷发展问题探究 [J]. 税务与经济（1）：29-32.

刘祥伟，2021. 基于碳金融机制的中国碳衍生品交易市场研究 [D]. 广州：中山大学.

刘乃贵，吴桐，2017. 绿色金融法律保障机制研究 [J]. 财经科学（10）：41-51.

刘飞，龚婷，2021. 基于熵权 Topsis 模型的湖北省高质量发展综合评价 [J]. 统计与决策，37（11）：85-88.

龙卫洋，季才留，2013. 基于国际经验的商业银行绿色信贷研究及对中国的启示 [J]. 经济体制改革（3）：155-158.

罗良文，赵凡，2019. 工业布局优化与长江经济带高质量发展：基于区域间产业转移视角 [J]. 改革（2）：27-36.

马茹，罗晖，王宏伟，等，2019. 中国区域经济高质量发展评价指标体系及测度研究 [J]. 中国软科学（7）：60-67.

马秋君，刘文娟，2013. 基于绿色信贷的我国商业银行环境风险管理体系研究

［J］. 中国人口资源与环境，23（S2）：264-267.

马歇尔，1890. 经济学原理［M］. 朱志泰，陈良璧，译. 北京：商务印书馆.

麦均洪，徐枫，2015. 基于联合分析的我国绿色金融影响因素研究［J］. 宏观经济研究（5）：23-37.

孟祥兰，邢茂源，2019. 供给侧改革背景下湖北高质量发展综合评价研究：基于加权因子分析法的实证研究［J］. 数理统计与管理，38（4）：675-687.

聂力，王文举，2014. 我国碳排放权成交价格博弈研究［J］. 价格理论与实践（5）：38-40.

潘桔，郑红玲，2020. 区域经济高质量发展水平的测度与差异分析［J］. 统计与决策，36（23）：102-106.

潘锡泉，2017. 绿色金融在中国：现实困境及应对之策［J］. 当代经济管理，39（3）：86-89.

彭水军，包群，2006. 经济增长与环境污染：环境库兹涅茨曲线假说的中国检验［J］. 财经问题研究（8）：3-17.

钱立华，方琦，鲁政委，2020.《欧盟可持续金融分类方案》精要与启示［J］. 中国金融导刊（2）：22-27.

邱英杰，杨晓倩，2019. 绿色信贷与产业升级的关系研究：基于灰色关联模型的实证分析［J］. 福建金融（1）：71-77.

戈德史密斯，1990. 金融结构与金融发展［M］. 周朔，等译. 上海：上海三联出版社.

麦金农，1988. 经济发展中的货币与资本［M］. 卢骢，译. 上海：上海人民出版社.

任保平，李禹墨，2018. 新时代我国高质量发展评判体系的构建及其转型路径［J］. 陕西师范大学学报（哲学社会科学版），47（3）：105-113.

上海银监局绿色信贷研究课题组，2016. 绿色信贷支持金融创新与产业结构转型研究［J］. 金融监管研究（53）：98-108.

石声萍，2013. 经济外部性研究：机理及案例［M］. 北京：中国农业出版社.

盛世豪，2019. 深刻理解高质量发展内涵［N］. 浙江日报，2019-01-02（007）.

苏永伟，陈池波，2019. 经济高质量发展评价指标体系构建与实证［J］. 统计与决策，35（24）：38-41.

宋丽颖，李亚冬，2015. 论我国碳排放权交易市场之完善［J］. 学术交流（4）：134-138.

陶春华, 2015. 我国碳排放权交易市场与股票市场联动性研究 [J]. 北京交通大学学报 (社会科学版), 14 (4): 40-51.

托马斯, 王燕, 2017. 增长的质量 [M]. 张绘, 唐仲, 林渊, 译. 北京: 中国财经出版社.

万志宏, 曾刚, 2006. 国际绿色债券市场: 现状、经验与启示 [J]. 金融论坛 (2): 39-45.

王永昌, 尹江燕, 2019. 论经济高质量发展的基本内涵及趋向 [J]. 浙江学刊 (1): 91-95.

王遥, 徐楠, 2006. 中国绿色债券发展及中外标准比较研究 [J]. 金融论坛 (2): 29-38.

王遥, 包婕, 金蕾, 2021. 绿色金融支持绿色低碳发展的作用与路径 [J]. 金融纵横 (4): 23-27.

王遥, 曹畅, 2015. 推动绿色债券发展 [J]. 中国金融 (20): 43-43.

王一鸣, 2018. 向高质量发展转型要突破哪些关口 [N]. 联合时报, 2018-04-13 (004).

王峰娟, 李日强, 2017. 绿色金融债券的发行经验与建议: 以兴业银行、浦发银行为例 [J]. 财务与会计 (9): 25-27.

王倩, 路京京, 2015. 中国碳配额价格影响因素的区域性差异 [J]. 浙江学刊, 310 (4): 162-168.

王倩, 李通, 王译兴, 2010. 中国碳金融的发展策略与路径分析 [J]. 社会科学辑刊 (5): 147-151.

王虹, 2011. 生态银行法律制度研究: 以绿色信贷为起点 [M]. 长沙: 湖南师范大学.

王志强, 王一凡, 2020. 绿色金融助推经济高质量发展: 主要路径与对策建议 [J]. 农林经济管理学报, 19 (3): 389-396.

汪中华, 胡垚, 2018. 我国碳排放权交易价格影响因素分析 [J]. 工业技术经济, 292 (2): 128-136.

汪同三, 2018. 深入理解我国经济转向高质量发展 [N]. 人民日报, 2018-06-07 (7).

温忠麟, 叶宝娟, 2014. 中介效应分析: 方法和模型发展 [J]. 心理科学展, 22 (5), 731-745.

文同爱, 王虹, 2010. 生态银行制度探析时代法学 (3): 50-55.

魏素豪, 宗刚, 2016. 我国碳排放权市场交易价格波动特征研究 [J]. 价格月

刊 (3)：1-5.

许永兵，罗鹏，张月，2019. 高质量发展指标体系构建及测度：以河北省为例 [J]. 河北大学学报（哲学社会科学版），44 (3)：86-97.

许广月，2010. 中国能源消费、碳排放与经济增长关系的研究 [D]. 武汉：华中科技大学.

卢宁，李国平，2010. 环境库兹涅茨曲线在我国成立的再探讨 [J]. 统计与决策 (14)：4-7.

徐银良，王慧艳，2020. 基于"五大发展理念"的区域高质量发展指标体系构建与实证 [J]. 统计与决策，36 (14)：98-102.

殷醒民，2018. 高质量发展指标体系的五个维度 [N]. 文汇报，2018-02-06 (12).

殷剑峰，王增武，2016. 中国的绿色金融之路 [J]. 经济社会体制比较 (6)：43-50.

禹钟华，2005. 金融功能的扩展与提升 [M]. 北京：中国金融出版社.

闫柯旭，2018. 我国绿色债券的需求、特性及实践分析 [J]. 金融发展研究 (7)：37-41.

闫海，孟琦，2018. 绿色金融债券：国际经验、发展现状及对策建议 [J]. 武汉金融 (5)：30-34, 83.

杨涛，程炼，2010. 碳金融在中国发展的兴业商业银行案例研究 [J]. 上海金融 (8)：35-39.

杨大光，刘嘉夫，2012. 中国碳金融对产业结构和能源消费结构的影响：基于CDM 视角的实证研究 [J]. 吉林大学社会科学学报 (5)：98-105.

叶勇飞，2008. "绿色信贷"的"赤道"之旅 [J]. 环境保护 (4)：46-48.

袁鹰，2008. 碳金融：不仅仅是机会 [J]. 银行家 (8)：21-22.

曾卉，2015. 商业银行开展"碳金融"的必要性和改革途径 [J]. 改革与战略 (9)：64-66.

邹颖，2020. 重庆市高质量发展评价指标体系构建及应用 [J]. 统计与咨询，4 (1)：24-27.

朱启贵，2018. 建立推动高质量发展的指标体系 [N]. 文汇报，2018-02-06 (12).

朱卫东，周菲，魏泊宁，2019. 新时代中国高质量发展指标体系构建与测度 [J]. 武汉金融 (12)：18-26.

张百灵，2011. 正外部性理论与我国环境法新发展 [D]. 武汉：武汉大学.

张震，刘雪梦，2019. 新时代我国15个副省级城市经济高质量发展评价体系构建与测度 [J]. 经济问题探索 (6): 20-31.

张红凤，周峰，杨慧，等，2009. 环境保护与经济发展双赢的规制绩效实证分析 [J]. 经济研究，44 (3): 14-26, 67.

张成，朱乾龙，于同申，2011. 环境污染和经济增长的关系 [J]. 统计研究，28 (1): 59-67.

张芳，李紧想，冯正升，等，2019. 绿色信贷投放对经济高质量发展的作用路径研究：基于中介效应的视角 [J]. 西部金融 (12): 51-55.

张如鹏，2017. 中国碳排放库兹涅茨曲线与结构效应探究 [D]. 南京：南京大学.

张侠，许启发，2021. 新时代中国省域经济高质量发展测度分析 [J]. 经济问题，4 (3): 16-25.

张秀生，李子明，2009."绿色信贷"执行效率与地方政府行为 [J]. 经济问题 (3): 87-90.

赵淑霞，肖成志，2021. 国内外绿色基金宏观层面比较研究 [J]. 西南金融 (4): 15-28.

周程明，2021. 基于熵权TOPSIS法的城市旅游高质量发展评价研究：以广东省21个城市为例 [J]. 西南师范大学学报（自然科学版），46 (7): 58-66.

周月秋，2018. 中国绿色金融产品发展与趋势展望 [J]. 武汉金融 (5): 11-17.

中债资信，2017. 绿色金融在中国的实践概述与思考 [R]. 2017-8-30.

附录

附表 1-1　经济系统指标标准化处理

年份	人均 GDP /元	GDP 增速 /%	第三产业占 GDP 比重/%	全员劳动 生产率/元	资本生产率 /元
2000	0.000	0.296	0.000	0.000	1.000
2001	0.012	0.272	0.102	0.013	0.963
2002	0.025	0.370	0.174	0.027	0.864
2003	0.043	0.481	0.159	0.047	0.686
2004	0.072	0.494	0.099	0.078	0.589
2005	0.102	0.654	0.110	0.111	0.487
2006	0.140	0.815	0.144	0.152	0.424
2007	0.199	1.000	0.218	0.217	0.409
2008	0.257	0.444	0.217	0.280	0.343
2009	0.290	0.407	0.327	0.317	0.182
2010	0.363	0.556	0.311	0.398	0.228
2011	0.451	0.432	0.319	0.494	0.190
2012	0.507	0.222	0.402	0.583	0.119
2013	0.568	0.210	0.502	0.636	0.059
2014	0.621	0.148	0.584	0.689	0.018
2015	0.669	0.099	0.756	0.744	0.000
2016	0.727	0.074	0.850	0.801	0.000
2017	0.814	0.086	0.857	0.864	0.033
2018	0.901	0.062	0.876	0.924	0.095
2019	1.000	0.000	1.000	1.000	0.299

附表 1-2 创新系统指标标准化处理

年份	R&D投入占GDP比重/%	万人R&D研究人员数（人年/万人）	规模以上工业企业研发经费占主营业务收入比重	规上企业R&D研究人员	发明专利数申请数/件	技术合同实现交易额/万元	新产品销售收入占主营业务收入比重	科学技术支出占财政支出比重/%	研究机构/个
2000	0.000	0.000	…	…	0	0.000	…	0.024	…
2001	0.057	0.007	…	…	0.008	0.006	…	0.093	…
2002	0.187	0.027	0.197	0.000	0.019	0.011	…	0.052	…
2003	0.252	0.042	0.066	0.011	0.036	0.020	…	0.000	…
2004	0.187	0.056	0.000	0.010	0.053	0.031	…	0.004	…
2005	0.268	0.112	0.082	0.050	0.082	0.041	…	0.047	1.000
2006	0.341	0.147	0.102	0.089	0.107	0.054	0.000	0.105	0.857
2007	0.358	0.209	0.161	0.132	0.130	0.072	0.029	0.832	0.816
2008	0.439	0.269	0.209	0.198	0.160	0.093	0.030	0.752	0.746
2009	0.569	0.354	0.410	0.268	0.176	0.110	0.073	0.838	0.716
2010	0.618	0.422	0.361	0.338	0.228	0.150	0.049	0.847	0.700
2011	0.683	0.507	0.000	0.452	0.319	0.189	0.201	0.797	0.667
2012	0.797	0.601	0.106	0.606	0.403	0.266	0.195	0.811	0.668
2013	0.878	0.673	0.151	0.648	0.519	0.314	0.243	0.851	0.635
2014	0.837	0.717	0.213	0.674	0.588	0.364	0.298	0.796	0.673
2015	0.870	0.727	0.315	0.744	0.705	0.422	0.367	0.722	0.633
2016	0.911	0.756	0.384	0.831	0.863	0.495	0.515	0.794	0.576
2017	0.935	0.796	0.574	0.945	0.892	0.587	0.701	0.830	0.482
2018	0.967	0.888	0.886	0.920	1.000	0.784	0.890	0.914	0.130
2019	1.000	1.000	1.000	1.000	0.905	1.000	1.000	1.000	0.000

附表 1-3 协调系统指标标准化处理

年份	城镇化率/%	城乡收入比	城乡居民恩格尔系数比	第一产业结构偏离度	第二产业结构偏离度	第三产业结构偏离度	基尼系数
2000	0.000	0.793	0.037	0.084	0.123	0.114	1.000
2001	0.059	0.630	0.017	0.372	0.144	0.000	0.014
2002	0.118	0.321	0.136	0.655	0.049	0.030	0.500
2003	0.177	0.148	0.121	0.957	0.000	0.149	0.162
2004	0.227	0.180	0.000	0.461	0.100	0.393	0.243
2005	0.278	0.158	0.064	0.784	0.189	0.474	0.081
2006	0.333	0.079	0.274	1.000	0.312	0.523	0.054

年份	城镇化率/%	城乡收入比	城乡居民恩格尔系数比	第一产业结构偏离度	第二产业结构偏离度	第三产业结构偏离度	基尼系数
2007	0.397	0.005	0.351	0.965	0.503	0.456	0.095
2008	0.442	0.026	0.559	0.847	0.534	0.545	0.000
2009	0.497	0.000	0.751	0.928	0.637	0.513	0.014
2010	0.563	0.151	0.568	0.903	0.683	0.584	0.135
2011	0.617	0.301	0.816	0.703	0.742	0.683	0.189
2012	0.671	0.334	0.992	0.547	0.850	0.632	0.230
2013	0.718	0.764	0.683	0.266	0.894	0.747	0.243
2014	0.761	0.846	0.782	0.074	0.922	0.842	0.297
2015	0.815	0.873	0.818	0.000	0.983	0.823	0.392
2016	0.867	0.891	0.893	0.088	1.000	0.821	0.351
2017	0.915	0.905	0.973	0.355	0.929	0.919	0.324
2018	0.958	0.940	1.000	0.461	0.885	1.000	0.311
2019	1.000	1.000	0.973	0.296	0.964	0.968	0.351

附表 1-4　绿色系统指标标准化处理

年份	污水处理率	工业固体废物综合利用率	环境污染治理投资与GDP之比	万元GDP二氧化硫排放量	万元GDP耗能	建成区绿化覆盖率	万人拥有公交车辆	生活垃圾无害化处理率	单位耕地灌溉面积农用化肥施用量
2000	…	0.000	0.000	1.034	0.124	…	…	…	1.000
2001	…	0.294	0.013	1.034	0.162	…	…	…	0.916
2002	…	0.284	0.222	1.034	0.162	…	…	…	0.830
2003	…	0.422	0.339	1.034	0.086	…	…	…	0.717
2004	…	0.464	0.078	0.000	0.000	…	0.000	0.008	0.508
2005	…	0.483	0.222	0.024	0.190	…	0.113	0.000	0.416
2006	…	0.678	0.118	0.159	0.229	0.000	0.116	0.008	0.308
2007	0.101	0.768	0.300	0.356	0.295	0.031	0.230	0.217	0.187
2008	0.258	0.905	0.475	0.495	0.371	0.359	0.312	0.318	0.234
2009	0.370	1.000	0.539	0.563	0.419	0.484	0.301	0.415	0.137
2010	0.552	0.986	1.000	0.641	0.686	0.547	0.310	0.552	0.078
2011	0.755	0.691	0.489	0.697	0.705	0.641	0.441	0.589	0.058

年份	污水处理率	工业固体废物综合利用率	环境污染治理投资与GDP之比	万元GDP二氧化硫排放量	万元GDP耗能	建成区绿化覆盖率	万人拥有公交车辆	生活垃圾无害化处理率	单位耕地灌溉面积农用化肥施用量
2012	0.801	0.741	0.601	0.742	0.733	0.703	0.505	0.697	0.000
2013	0.848	0.803	0.709	0.778	0.771	0.719	0.602	0.792	0.018
2014	0.880	0.799	0.474	0.806	0.800	0.797	0.648	0.844	0.033
2015	0.913	0.705	0.201	0.833	0.924	0.781	0.663	0.893	0.122
2016	0.941	0.520	0.151	0.924	0.952	0.813	0.852	0.945	0.263
2017	0.962	0.347	0.042	0.971	0.981	0.906	1.000	0.968	0.429
2018	0.981	0.345	0.042	0.992	0.990	0.938	0.930	0.996	0.649
2019	1.000	0.318	0.026	1.000	1.000	1.000	0.987	1.000	0.900

附表 1-5 开放系统指标标准化处理

年份	外贸依存度	外商直接投资占GDP的比重	对外直接投资占GDP的比重	接待入境游人数/万人次
2000	0.327	…	…	…
2001	0.298	…	…	…
2002	0.415	…	…	…
2003	0.652	…	…	…
2004	0.870	1.000	0.000	0.000
2005	0.952	0.784	0.172	0.310
2006	1.000	0.621	0.243	0.438
2007	0.934	0.534	0.314	0.630
2008	0.783	0.490	0.632	0.579
2009	0.440	0.375	0.559	0.481
2010	0.590	0.362	0.574	0.682
2011	0.563	0.268	0.478	0.727
2012	0.490	0.163	0.506	0.644
2013	0.445	0.125	0.571	0.553
2014	0.236	0.086	0.607	0.537
2015	0.099	0.086	0.704	0.683
2016	0.026	0.079	1.000	0.811

年份	外贸依存度	外商直接投资占 GDP 的比重	对外直接投资占 GDP 的比重	接待入境游人数/万人次
2017	0.051	0.054	0.690	0.839
2018	0.051	0.014	0.521	0.887
2019	0.000	0.000	0.454	1.000

附表 1-6 共享系统指标标准化处理

年份	基本医疗保险覆盖率	基本养老保险覆盖率	城镇登记失业率	教育经费占 GDP 比重	每万人拥有的医院床位数	公共图书馆/个	公里营业里程/万千米	互联网普及率/%
2000	0.000	0.000	0.000	0.000	0.017	0.000	0.000	…
2001	0.029	0.006	1.000	0.233	0.017	0.040	0.005	…
2002	0.046	0.012	0.429	0.448	0.000	0.042	0.026	…
2003	0.058	0.022	0.000	0.458	0.002	0.065	0.039	…
2004	0.070	0.031	0.143	0.430	0.019	0.086	0.057	…
2005	0.081	0.045	0.143	0.443	0.035	0.167	0.500	0.000
2006	0.096	0.061	0.286	0.428	0.060	0.198	0.533	0.035
2007	0.148	0.077	0.429	0.445	0.093	0.238	0.571	0.132
2008	0.224	0.098	0.143	0.475	0.156	0.278	0.615	0.249
2009	0.289	0.118	0.000	0.605	0.226	0.336	0.654	0.362
2010	0.312	0.276	0.286	0.613	0.293	0.401	0.699	0.457
2011	0.343	0.599	0.286	0.711	0.361	0.532	0.728	0.528
2012	0.391	0.813	0.286	1.000	0.464	0.770	0.767	0.592
2013	0.416	0.848	0.357	0.865	0.546	0.839	0.803	0.659
2014	0.434	0.871	0.300	0.862	0.620	0.848	0.835	0.695
2015	0.485	0.886	0.357	0.964	0.692	0.891	0.869	0.746
2016	0.542	0.916	0.400	0.956	0.758	0.917	0.905	0.798
2017	0.871	0.944	0.571	0.909	0.850	0.942	0.928	0.845
2018	0.996	0.974	0.714	0.868	0.930	0.962	0.950	0.913
2019	1.000	1.000	0.971	0.827	1.000	1.000	1.000	1.000